U0014394

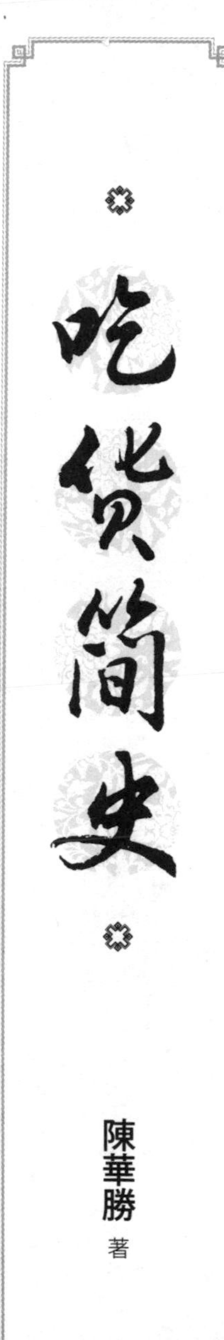

吃貨簡史

陳華勝 著

「人生歸有道，衣食固其端」：飲食的文明史

三國時期曹魏開國皇帝曹丕，在《與群臣論被服書》中說：「三世長者知被服，五世長者知飲食」；南宋陸游則在其《老學庵筆記》中寫道：「三世仕宦，方解著衣吃飯」。這兩段話的意思，雖然看似是指了做幾代官的人家，才懂有關吃穿等方面的禮儀或享受，但這背後，還有著更深的一層涵意。

曹操乃一代梟雄，非常重視子女的教育，曹丕六歲就會射箭，八歲就會騎馬，十歲時就隨著曹操南征北戰，所著《典論》中的〈論文〉，更是中國文學史上第一部文學批評專論；而陸游則是「年十二能詩文」，不但學劍，也鑽研兵書，與尤袤、楊萬里、范成大等並稱為「南宋四大詩人」，兩人都是文武雙全。但不論是文或武，欲達到非凡的成就，都必須經過長時間不斷的努力和練習。因此，這兩段話，指的不單是要在良好的環境下成長才能對衣食的真諦有所體驗，更是長期積累知識的過程。

「吃貨」二字最早出現於晚清民初天津評書藝人張傑鑫，所著之一九二〇年代武俠小說代表《三俠劍》中的一句：「你真是吃貨，叫姑娘們追得都喘不上氣兒來」，意思是只在家賴著，光吃不幹活的好吃懶做之徒。「貨」這個字本身除了當財物或商品外，其實本身是罵人的話，所以我們才會對看不起的人說「你以為你是什麼貨色」。

一九九一年，由葛優主演的中國大陸第一部情景喜劇《編輯部的故事》的其中一集〈水淹七軍〉中，因為蘿蔔大豐收，女主角被同事帶有性別歧視的揶揄言論「女同志就算了，不如以後多吃點蘿蔔」激怒後，反擊的「你可別瞧不起婦女啊，一會比比看，看誰是吃貨」這段台詞在大陸火紅之後，吃貨二字開始漸漸成為好吃之徒自嘲的說法。

這種將吃貨二字作為美食愛好者對自己自嘲的用法，一直持續到二〇一二年，美食紀錄片《舌尖上的中國》開始播出為止。隨著這部紀錄片熱度的不斷上升，對美食的熱烈追求，漸漸不被視為是一件好吃懶做的俗事，而「吃貨」一詞，也隨之在網路與各大媒體上迅速地流行和運用起來。北京飲食作家崔岱遠甚至在二〇一四年出版了一本《吃貨辭典》，以七十八篇散文介紹中國各地名菜。

到了現在，有不少人以吃貨自居，以吃到預約困難或是在美食評鑑榜上有名的餐廳而得意揚揚。但是吞食咀嚼，以及打卡拍照的頻率和數量，與品味的資質和藝術，累積出來的對文化的價值卻是天差地遠。而這也是這本《吃貨簡史》的中心思想：飲食文化的養成是文明的累積。

以吃魚為例，不管是生吃、烤來吃、蒸來吃或是煮來吃，都是透過我們祖先不斷的經驗累積開展。但要形成文化，便需要更細的分工和處理方式。明明直接吃就好，為何有人開始費工把魚去骨剁碎，添蔥加薑地做成魚丸。而魚丸又如何變得越來越講究，製作越來越精細，調料越來越精準，使用的魚種類越來越廣泛，應用的方式越來越多元。

於是，烹飪手法多元了，烹調流派形成了，這其中自然與技藝卓越的廚師有關，但品味超群又挑剔的「吃貨」，更是推動餐飲精煉的動力。

本書主要按照中國歷史上的時期分成三大部分，分別是先秦兩漢魏晉南北朝、隋唐五代兩宋，以及元明清。其可貴之處，在於每一道單一菜色，從食材、菜品演進，還有其多元發展，都能在透過歷史故事的輕鬆氛圍下，潛移默化地讓讀者提昇飲食品味。

李廼澔
中國文化大學語文中心兼任助理教授
《百年飯桌》、《百年和食》作者

推薦序——

食洩天機

是夜。

我備好文房四寶，閉目回想這耐人尋味、精采紛呈的《吃貨簡史》，正有些恍神之際，一陣香氣襲來，我不由得張開眼睛，這一瞧不得了，大明國師劉伯溫出現在眼前，手裡還拿著一個熱騰騰的餅，香氣，就是打那兒襲來。

「敢問國師，深夜造訪，所為何來？」我打了個揖問道。穿越劇看多了，對古人現身不再詫異，倒是好奇為什麼手裡拿個餅，莫非，其中含有深意？

「我心血來潮，掐指一算，得知你將為文，其中有個環節至關重要，不得不現身提醒。」劉伯溫回說。

不過是區區一篇推薦序，還能有什麼環節？我正納悶，國師倒是看出我滿頭問號，直接開口道：「太史公在《史記》中說，民以食為天，這裡的天，並非頭等大事這麼簡單，推到極致，甚至能天人合一。」

乖乖我的老祖宗，民以食為天也能這樣詮釋，這會不會太扯了點？正忖度該如何打發，突然見到他老人家微微一笑。

「不信？」國師戲謔地問道。

好吧！連我心中這番腹誹也能料到，那我還真沒什麼好隱瞞的，於是開口道：「有請國師解惑。」

「諸葛亮平定南蠻後，於瀘水為冤魂所阻，有人建議用七七四十九顆人頭奠祭，他不忍心這麼做，才發明饅頭取代，這難道不是算得自己殺戮過重，非得用饅頭才能度過此劫？」劉伯溫說完，捻一捻鬍鬚。

「確實。」我邊講邊想到，能做成人頭的材料多的是，為何孔明偏偏選擇用白麵裹肉？

「周文王算出兒子伯邑考被做成肉餅，但他假裝不知，連吃三個餅說好吃好吃，等使者離開才吐出來，成為抓兔子（噁吐）由來，如果不是這肉餅裡暗藏玄機，怎能讓他下定決心推翻紂王？」劉伯溫娓娓道來。

「有理。」我點點頭，一邊聯想到，周文王被囚時演周易，莫非也是從食物中得到靈感？

「甲骨文原本是卜辭你是知道的，但什麼骨頭不用，偏偏用龜甲和牛骨？你認為其中關鍵是什麼？」劉伯溫好整以暇問道。

「是吃！」這一提倒是點醒了我，不吃龜牛，我們大概也不會有所謂的甲骨文。然後劉伯溫意味深長地看著我，不再開口，我還在奇怪他老人家為什麼不舉例了，心中突然有所領悟，失聲一叫：「啊！」

「一切的關鍵，在於食物中內含天機，能解讀者就能掌握天命，自古以來的術數大師都以為自己能明陰陽、知未來，是窮究天文命數之故，卻萬萬沒想過，真正的來源其實是食物。」我滔滔不絕說道。

「孺子可教也！」劉伯溫不勝惋惜地說：「可惜我也是晚年才領悟，那本《燒餅歌》固然洩了五百年天機，但這個成果，還不如吃一塊燒餅來的快。」話說完，把手中的餅大口咬下，彷彿要把遺憾也一口吞掉。

我小心翼翼問道：「既然食物內含天機，這本《吃貨簡史》就至關重要了，那我該說，還是不說？」

國師微微一笑，身影逐漸模糊，聲音從遠方傳來：「水能載舟、亦能覆舟……」

想起國師那意味深長地笑，我突然明白了，答案只有一個。

我將天機寫在這篇文章中，鄭重推薦這本《吃貨簡史》，至於各位讀了能有什麼造化，那就各憑機緣，萬般強求不得了。

陳啟鵬

《商業周刊》歷史專欄作家、南陽街補教名師
主持網路版關鍵【陳啟鵬顛覆歷史】、播客【如果歷史是一隻鵬】
著有歷史、作文、社會科等方面書籍
並多次擔任大考解題分析老師

序——古來聖賢皆寂寞，惟有吃貨留其名

諸葛先生高臥山寨隆中，閒翻紅樓一夢，忽有秋聲入牖，案上平白多了一塊石頭。先生正莫名詫異，石頭已開口說話：「先生在讀什麼書？」

先生性喜誨人不倦，囉嗦勝過唐僧，遂大掉書袋：《紅樓夢》原名《石頭記》，因為書中記述的是一塊無才補天的頑石墜落凡塵、幻形入世的一番經歷……作者曹雪芹寫這部大書可真是嘔心瀝血，披閱十載，增刪五次……云云。

「曹雪芹雖然披閱十載，增刪五次，可還是犯了一個錯誤，先生知否？」

曹雪芹犯了一個錯誤？從來沒人說起過，這麼多紅學專家怎麼都沒人發現？「什麼錯誤？」諸葛先生問。

「他把石頭給數錯了！」石頭君於是侃侃而談，遂成下面一篇「滿紙荒唐言」：

女媧煉石補天，於大荒山無稽崖煉成頑石三萬六千五百零二塊，曹雪芹數得老眼昏花，還是數錯了，數成了三萬六千五百零一塊，少數了一塊。所以，他在《石頭記》裡只寫了剩下的那一塊的故事，其實，還有另一塊呢！另一塊石頭不樂意了，找到曹雪芹，說女媧留下兩塊石頭是有用意的，聖人都說「食色，性也」，從來都是食與色並重，女媧娘娘就是要讓這兩塊石頭幻形入世，分別體驗一下飲食男女的感覺，現在你寫了一塊，男女之事倒是寫完了，可飲食呢？你怎麼就不提我呢？

曹雪芹一聽不好意思了，再叫《石頭記》人家可就有意見了，於是，就改叫《紅樓夢》。這麼一改，另一塊頑石就沒話說了。紅樓裡做夢自然是男女之間的事，飲食其次。但都說「飲食男女」，飲食還是排在男女之前的。

雖然沒話說，但這塊頑石總覺得吃了啞巴虧，心裡有些不甘，總想找個人替自己寫一寫。於是，就找到了學富五車、才高八斗的諸葛先生，要求替它這位在飲食界廝混了上下五千年的吃貨也立個傳。

諸葛先生聽罷，會心一笑，《紅樓夢》裡那塊頑石化身賈寶玉是個癡貨；這塊石頭只顧自己的舌頭，也是不折不扣的吃貨，有意思！有意思！李太白說：「古來聖賢皆寂寞，惟有飲者留其名」，何不也替吃貨留個名，讓後世源源不絕的吃貨朋友吃出滋味也吃出文化，再不濟做一份飯局聊天大全、吃貨吹牛寶典也不錯。

既然要寫吃貨簡史，總得說明吃貨來歷。雖然同為石頭，《紅樓夢》裡那塊石頭是由一僧一道空空渺渺帶到世間，男女交合自然性情，那事兒還相對簡單。但要培養一個吃貨，沒有天時地利人和，沒有客觀條件之改進，還真做不到。所謂「夫禮之初，始諸飲食」，有吃貨，才有文明；有吃貨，才有文化！悠悠萬事，唯此為大。

諸葛先生這一番話，實是懷疑吃貨何以來到人間。

石頭君聽說此言，頗有些不屑：「你們只知道茫茫大士、渺渺真人將它化作一塊寶玉攜入紅塵，歷盡離合悲歡；而帶我這個吃貨來到世間的人，來頭更加響亮，說出來可是會嚇你一跳，君不知三皇五帝造就吃貨，嘗遍酸甜苦辣！」

哪三皇？且聽我道來：

沒有燧人氏教人鑽木取火，你跟野人一樣只會吃生食，還做什麼吃貨？沒有伏羲氏教人把網來的魚養起來，把逮來的野獸馴化為家禽家畜；沒有神農氏教人種田耕作發展農業，巧婦難為無米之炊，你還好意思稱自己是吃貨？

光有這些還不行，離開了廚房，離開了灶頭，離開了碗筷，圍著一堆篝火，你做什麼吃貨？所以，還得五帝來幫忙。

五帝裡的第一位是黃帝他老人家。老人家有收藏癖，據說他總想找個地方把火種藏起來，在引起無數次火災之後，終於發明了灶台，於是大家有了一個固定的生火場所。然後，他手下那幫先民又發現破碎一半的蛋殼居然能夠裝水和盛物，他們就依樣畫葫蘆用泥土捏了一些凹陷的物體，曬乾後用來裝東西，放在灶台上不小心被火燒著，卻意外發現泥土經過燒結之後變硬不會散開，這就出現了陶器，鍋碗瓢盆就這麼被製造出來了。這些專利發明都記在了黃帝名下。反正，黃帝是愛迪生之前最偉大的發明家，搞不清楚誰發明的東西都記在黃帝名下，大致總不會錯。

然而問題是，燒熟的東西易於消化、口感更好，但也容易燙嘴，好些先民燙壞了手指、舌頭，氣得嗷嗷叫，於是聰明的大禹先生撿了兩根樹枝來夾撈東西，這就發明了筷子。所幸他當時撿的是兩根樹枝，要是他懶惰只撿了一根，那我們就跟西方人一樣用上叉子了。大禹先生發明筷子後，有幾位性急的朋友急不可待地拿著樹枝對正在加熱的食物戳戳點點翻來翻去，想要快點吃到嘴裡，於是，又演變成了鍋鏟。當然了，這個衍生產品，發明權也應該記在大禹先生的名下。

反正今天發明一樣，明天發明一樣，那是一個大發明的時代，人人都是發明家。當這些發明都完成，吃貨的歷史也就開始了。

「有道理！說得有道理！」諸葛先生撫掌欣歎，「只是，人家化身賈寶玉，你也得有個形象才是！」

「不妨事，先生休驚，待我化來。」石頭君說罷，搖身一變，輕煙起處，已經化身為一標緻小女子，「先生就叫我俞兒吧。」

「俞兒，好名字！」諸葛先生不由得大掉書袋，「《莊子・駢拇》云：『屬其性於五味，雖通如俞兒，非吾所謂臧也。』」

俞兒正是古人所謂善於辨別味道的人，原來竟是這麼一個伶俐的小女子，諸葛先生倒也不辭做一回空空道人、渺渺真人，帶她來塵世一回。

俞兒一邊叩謝，一邊已經掏出一副紙牌，牌有五十二張，比平常人玩的牌或算命用的牌都大，她把手裡的牌打開成一副扇形，抽出一張放在自己面前，諸葛先生似乎明白，她要用這張牌開始講述關於吃貨的故事。先生當即攔住她：「既然要打牌，何不熱鬧一些，叫上一些吃貨朋友，大家湊一桌，邊吃邊聊，豈不快哉？」

俞兒小姑娘也是愛熱鬧的，沒有一個吃貨是不愛熱鬧的，當即叫好。於是，諸葛先生廣發「吃貨英雄帖」，呼朋喚友，招來一幫三教九流的朋友，擺開珍奇的陳設和精雕細作的餐具。用餐者個個衣冠楚楚，談笑自如，一如今天酒席上常見的樣子。

置身於一群吃貨之中，俞兒頗有些和大家交換心得的心情了。於是，那副牌被攤在了桌面上，牌面朝下，大家盯著牌看，像是要學著識別它們。同桌就餐的一個人把分散的牌攏到自己身邊，騰空一大塊桌面，可他既不把牌收成一把，也不洗牌，只拿出最上面的一張放到自己面前。俞兒向他示意攤牌，大家似乎都明白，準備開始講述關於吃貨的故事了。

目次

篇二

金齏玉膾：隋唐五代兩宋　食史簡說　

篇三

百鳥朝鳳：元明清 食史簡說

篇一

鐘鳴鼎食：先秦兩漢魏晉南北朝食史簡說

「三世長者知被服，五世長者知飲食。」

這話是曹操的兒子，魏文帝曹丕說的。意思是富貴過五代，你才有資格當個吃貨。這話說得絕對了點，但其實是說出了一個文明的累積過程。飲食文化也是由時間養成的，書中三篇的「食史簡說」就以時間為軸，來分享一點先秦兩漢魏晉南北朝、隋唐五代兩宋和元明清三朝的飲食情報。

說到先秦兩漢魏晉南北朝，那真是一個「白髮三千丈」的久遠年代了，中國人有句古話叫「鐘鳴鼎食」，說的就是那個年代的飲食禮儀和飲食文化。那時的貴族吃飯講排場，青銅大鼎盛著食物，旁邊還得有編鐘奏樂，歌舞侑食，說到底就像今天去夜店喝酒一樣，喝的其實不只是酒。

中國的烹飪技術發軔於那個時代，「食不厭精，膾不厭細」正是從那個時候開始講究，傳說中的廚神伊尹和易牙都是那個時代的人，傳說中的「周王八珍」也是那個時候流傳下來的。所謂的「八珍」，其實後人已經很難搞清楚究竟指的是什麼，現在一般作為特定名詞，泛指名貴的菜肴而已。但「八珍」的說法也說明了當時王室貴族常用的菜肴烹飪，已經達到了相當高的水準。

這個時候的食物來源已經大大豐富，除了傳統的捕獵狩漁之外，人工飼養已經廣泛開展。鱉在周朝時被視為珍稀食物，到了兩漢時已不名貴，街頭就有兜售甲魚的人，恐怕也有了人工養殖。漢代的豆腐和豆製品已經相當普遍，麵食點心也很豐富，當時的麵食統稱為「餅」，比如麵條就叫「湯餅」。

而在烹飪上，調料也已廣泛應用。秦始皇一向很注意保密工作，把皇家飲食視為機密，嚴禁外洩，所以，古代文獻中幾乎沒有關於秦代宮廷御膳的記載。但後人根據陝西當地的一些飲食特點，考證說秦代的主要烹飪調料還是以鹽為主。

到了漢代，調味品不再侷限於鹽、梅這樣的自然調料，有了醋、醬這類的人工調料，尤其是張騫通西域後，大批西域的奇食異物引入中國，比如今天常用的芝麻、黃瓜、番茄、胡蘿蔔、菠菜、茴香、蠶豆、大蒜、豌豆等都是當年的進口食品。

到了魏晉南北朝，已經開始普遍生產和使用植物油。三國時期，麻油也開始生產。這樣，菜肴製作就不再侷限於蒸、炙、膾、臘，開始有了煎、炸等多種手法。在南北朝中後期，出現了「炒菜」的廚藝新技術，《齊民要術》（注）裡就記載了很多炒製的烹飪方法，比如炒雞蛋。不過，那時的炒鍋是用銅製的，叫銅鐺，但這樣的奢侈品一般老百姓家裡是不可能擁有的。

由於食品種類的豐富和烹調技藝的提升，這一時期的奢侈之風也十分盛行，對菜肴的獵奇追逐促進了飲食業的發展。但可以肯定的是，這個時候的宴席雖然排場很大，但時間一般都不長，因為還沒有發明椅子，大家都席地而坐。盤膝踞坐，時間長了可吃不消。宴飲達旦這種事情，也只在桀、紂等幾個昏君的記載裡看到過。

注——北魏賈思勰所著，是中國現存最早最完整的古代農學名著。

〇〇一 一粒魚丸開啟吃貨的歷史

攤開的第一張牌，畫的是一碗滾動的魚丸，為了區別這是肉丸還是其他什麼丸子，牌的下方特地畫了一條魚。沒錯，就是一粒魚丸開啟了吃貨的歷史！

從前的美食書籍總喜歡把彭祖、伊尹、易牙奉為上古的食神，其實，那個年代吃飽肚子已經算不錯了，易牙先生廚房裡缺少食材，甚至把兒子都給烹了，這樣的故事聽了讓人噁心倒胃，不說也罷。聖人說「食不厭精，膾不厭細」，吃飽肚子之後才開始有了講究，有了講究，才可以稱之為吃貨。而這口腹之欲的講究，就是一個「鮮」字。

從構字的偏旁來看，「鮮」字的一邊是魚一邊是羊，那麼，先民究竟是先開始吃魚還是先開始吃羊？

按照諸葛先生的考證，吃魚的歷史應該更早於吃羊。為什麼這麼說呢？我們都知道，地球的表面七分是水三分是陸地，先民生存的環境也都是依水而居，比較起頗具危險性的狩獵，捕魚似乎更容易些。水裡的魚兒名目眾多而且性情溫順，不會對捕魚者造成任何威脅，不像陸地的走獸，例如老虎、黑熊，若是想去獵牠吃牠，說不定反被牠吃了去。欺軟怕硬，我們還是從容易的先吃起，所以，吃魚的歷史應該先於吃羊。

倉頡造字的時候，把魚字偏旁放在羊字偏旁之先，可見鮮是從魚開始的；而古人對吃食有了要求，似乎也是從魚開始的。

戰國時期的孟嘗君養了一大幫食客，據說有三千多人，其中有一個叫馮諼的，抱怨伙食太差，就彈著劍唱歌說：「長鋏歸來乎，食無魚。」翻譯成白話就是：寶劍啊，寶劍，我們還是回去吧，這裡連魚都不給我們吃。這位馮先生為了試探孟嘗君的氣度和眼光，三番五次伸手向孟嘗君提條件要待遇，他要的第一個待遇就是「食有魚」。從這個故事可以看出，吃貨是從吃魚開始的。當然了，在俞兒的眼裡，馮諼還算不上吃貨，因為他只要求有魚吃就可以了，還沒有上升到怎麼吃的高度，而怎麼吃的高度恰恰是一個吃貨的合格高度。

其實，馮諼這點要求要是放在南方，那根本就不算什麼。南方水網縱橫，氣候溫暖，想必魚也比北方多一些，吃魚的講究自然也勝北方一籌。事實上，即使在今天，北方做魚也大多只會紅燒；而南方人燒魚，除非碰上死魚，一般是不肯紅燒的，清蒸、鮑醃、油淋、醋溜，花樣可多了。

吃魚，可以算是南方的傳統，春秋時期的楚國，就出了一位特別愛吃魚的吃貨——楚文王。

楚文王愛吃魚，每餐無魚則不歡。偏偏他又是個急性子，吃起飯來也是狼吞虎嚥。狼吞虎嚥自然是吃魚大忌，一不小心，魚刺就鯁喉嚨裡了。而楚文王又每每遷怒於廚子，好幾個司宴官為此掉了腦袋。真是伴君如伴虎啊，連廚子都成了高風險行業。

一日，廚房裡來了一位剛被強行徵召來的新廚子，他深感自己遲早也難逃一劫，心中愈想愈氣，於是，將魚放在砧板上用刀背狠狠剁魚以洩其憤。誰料想，這麼一陣亂剁，倒叫魚肉與魚骨自然分離了。廚子眼前一亮，便將魚肉拍打攪爛，加上佐料，再搓成丸子進獻給了楚文王。

楚文王覺得這魚丸吃起來鮮香可口，更不用擔心魚刺卡喉，於是大加讚賞。從此，魚丸的吃法就在楚王的宮廷裡流傳下來，逐漸傳至民間，從荊楚一帶四散傳播，遂成風習。當然了，也有人把這個故事說成是秦始皇的，不管是楚文王還是秦始皇，反正，魚丸或者叫魚圓，就是這麼來的。

後來的廚師做魚丸當然不會再將魚亂剁了，而是先斬去魚頭，再剝皮剔刺，頗有些操作規範了。剔刺的方法是將活魚劈為兩半，釘其頭部在案板上，雙手捉住刀背，將刀略傾斜，用刀的斜刃順著魚的紋路刮其肉。再將刮下的魚肉細細斬化，用豆粉、豬油拌和，用手攪之，略微放鹽，再加蔥和薑汁，捏成魚丸。魚丸成後，要先入滾水沸煮，看看顏色稍變，估摸著有七八分熟了，即要撈起，放進冷水裡養著，待到要吃時，再在沸湯裡汆一下，幾滾即成。

魚丸的一般取材是用鰱魚，考究一點用烏鱧，也就是俗話說的黑鱧頭，都不是什麼難搞的食材，可以說是價廉物美。從前吃魚丸，家家戶戶都得自己手工做。而今超市賣的都是機器做的魚丸，味道當然也差得多了。

至於湯汁的加料，那就各人各歡喜了。宋代有「荷花魚圓」，以清湯銀耳汆魚圓，湯清如水，中間飄幾片清新的蓮葉，極具觀賞性。袁枚在《隨園食單》中說，魚丸要配以雞湯紫菜，然而，這樣的搭配似乎有些喧賓奪主，雞湯的鮮味反奪走了魚丸的本味。吃魚嘛，最講究魚本身的鮮味，所以儘量不要用紅燒等重口味的做法。今天的普遍做法是在魚丸湯裡放入火腿絲、雞蛋絲或者冬筍絲，稱之為「金銀絲魚圓」，或者返樸歸真一點，清湯撒以蔥花或者配以嫩綠菜心，清清白白，倒也賞心悅目。

魚丸雖小，但也有南派、北派之分。北派的魚丸以徐州悅來酒家的彭城魚丸為代表。當年康有為應張勳之邀祕密南下徐州，商量復辟，在這裡吃了魚丸，讚不絕口，書對聯一副：「彭城魚丸聞遐邇，聲譽久馳越南北」。徐州據說是彭祖的封地，故而又稱彭城，因此，康有為譽之為「彭城魚丸」。彭城魚丸是用鯉魚做原料的，不用澱粉而用雞蛋清與肉湯和魚泥，汆好後淋以香油，上席時，盤子裡再配上魚頭、魚尾，保持一條魚的形狀，所以，又叫「銀珠魚」。這種魚丸的吃法獨此一家。

南派魚丸出名的是潮汕魚丸。閩、粵菜系的用料往往與內地不同，潮汕的魚丸不用鰱魚等河魚，而改為鮮黃魚、馬鮫魚、大白鰻等海魚，食料一變，味道當然也大變，與其他地方的魚丸入口即化不同，它的特點是講究筋道，富有彈性。看過周星馳《食神》的人，多半會被星爺的無厘頭弄得樂不可支，也由此記住了影片中彈力超好的美食——撒尿牛丸。片中把撒尿牛丸當乒乓球打，並且滿懷深情地大唱讚美詩：「從來沒試過這麼清新脫俗的感覺，牛肉的鮮，撒尿蝦的甜，混在一起的味道竟然比老鼠斑有過之而無不及，甚至比我的初戀更加詩情畫意！」

其實，牛肉丸也好，豬肉丸也好，說來都是魚丸的兒孫輩，都是從魚丸這兒演化過來的。撒尿牛丸也去嘗過，沒有電影中吹捧得那麼神，詩情畫意也沒吃出來，也許是因為離初戀有些遠了，忘記那滋味了。還是魚丸更對胃口，彈牙爽脆，鮮美濃香，不管是不是初戀，反正是一種戀愛的味道！據說孫中山先生當年就很喜歡吃潮汕魚丸。

相較北方，南方人更喜歡吃魚丸，而南派魚丸中，這幾年溫州魚丸很有些後來居上的味道。一般的魚丸都捏成球狀，所以又叫魚圓，惟獨溫州魚丸不做球狀，而是像麵疙瘩一樣地趕下鍋去，只需沸水裡一次成形即可。而在江蘇泰州，還有一種魚丸更具特色，這種魚丸在湯中呈圓形，夾在筷子上呈橢圓形，放在盤子裡則呈扁形。這樣的魚丸，還有什麼吃貨能擋得住它的誘惑呢？

吃貨寶典

吃魚丸講究的是兩沸而後成，前一次滾沸到七八成就要撈起放冷水裡養，臨吃之時再在沸湯裡氽一下即可。如果想省略步驟一步到位，魚丸往往會散掉不成形。而這兩沸當中，火候把握很關鍵，去魚腥除了加薑蔥外，就靠這火候技巧。

○○二 什麼樣的魚藏得了一把劍？

春秋末年的吳國，也有一位愛吃魚的君主叫吳王僚。他有一位堂兄弟叫公子光，不服其兄當國王，一直想取而代之。他知道吳王僚喜歡吃魚，就報告說剛剛聘用了一位很會做魚炙的廚師，特地請吳王僚去家裡嘗鮮。吳王僚聽說有這麼一種新鮮吃法，當然很想嘗嘗。但由於這段時間，首都治安不是太好，恐攻頻繁發生，吳王僚不敢大意，穿了三重鎧甲，率領衛隊從王宮一直排列到公子光家的廳堂裡，對於上菜的廚師一律搜身檢查。但萬萬沒想到，維安措施這麼嚴密了，公子光雇的那個廚師卻更是技高一籌的職業刺客。

當第二位就餐者翻開第二張牌時，心有餘悸地吐了一下舌頭，因為牌上畫著一隻手從魚腹內抽出一把劍，想必大家也都知道了，這是專諸刺王僚，魚腸劍的故事！

專諸就是公子光雇用的刺客，因為吳王僚身邊衛士眾多，難以近身實施「斬首行動」，公子光特地把專諸送到太湖邊的民間去學習廚藝，求得製作魚炙的技藝，還定製了一把鋒利無比的短劍——魚腸劍。

專諸在廚房裡先將魚背上的肉剜出花紋，入油鍋一炸，魚肉便鬆漲豎立起來，然後將短劍藏到魚肚裡，再用佐料一炙，澆上輔料，便很難看出其中暗藏的短劍了。職業刺客的心理素質果然過人，在長矛如林的戈陣中經過搜身，面不改色地端著菜盤來到吳王僚面前。

吳王僚聞得魚香味，正欣喜地舉箸動筷，準備大啖之際，專諸掰開魚身，抽出魚腹內的短劍，撲向吳王僚一陣猛刺，給予致命一擊。

廚師與吃貨終於同歸於盡，公子光出來埋單收拾殘局，當上了新的吳王，也就是後來春秋五霸之一的吳王闔閭。

本書當然不關心刺殺事件的來龍去脈，我們只想知道，專諸燒的那道魚炙究竟是什麼菜？什麼樣的魚藏得了一把劍呢？

專諸刺王僚的那道「魚炙」，有人說是「糖醋魚」，也有人說是「松鼠鱖魚」，其實，兩者大體相同，只不過「松鼠鱖魚」的做法要更考究一些，因為在油裡炸過，魚肉鬆漲豎立，頭昂尾巴翹，形狀像隻松鼠。這道菜是蘇菜中的傳統珍品，一直到清朝乾隆年間，乾隆皇帝下江南，在蘇州吃了這道「松鼠鱖魚」還讚不絕口。

當然絕對不會有人告訴他，這道松鼠鱖魚就是當年專諸刺王僚時用的魚炙，否則皇帝要問你居心何在了？後來，慈禧太后知道了這個故事，果然當面責問廚師：「專諸為刺王僚而燒這道菜，你現在做此菜給我吃，膽子可真不小啊！」

幸虧那個廚師機靈，口才也一流，當即跪下說：「王僚是無福享受這等美味佳餚，老佛爺您洪福齊天，哪裡是王僚可以比的？」說得慈禧滿心歡喜。可見酒席上會說話，也跟會做菜一樣重要啊！

回過頭來，還是說說那條藏得了一把劍的魚——鱖魚。鱖魚，又稱桂魚、桂花魚。鱖魚的體形側扁，口大，下頜突出，背部隆起，魚身長達六十至七十公分，所以裡面是可以藏劍。鱖魚有背鰭一個，脊上有十二根硬刺，據說和一年中的十二個月對應，是這種魚的奇特之處。

鱖魚肉質緊而嫩，沒有魚腥味，唐代人特別喜歡吃鱖魚，將之比作天上的龍肉（今天的北方人喜歡將驢肉比作龍肉，叫做「天上龍肉，地下驢肉」，其實誰也沒有吃過龍肉，只是比喻而已）。唐代詩人張志和專門寫了一首《漁歌子》詞：「西塞山前白鷺飛，桃花流水鱖魚肥。青箬笠，綠蓑衣，斜風細雨不須歸。」這首詞也是中國詩詞最早傳到日本去的幾首之一。據說，當時的日本天皇非常喜歡這首詞，連帶著日本人也都喜歡吃鱖魚了。

寫過小說《美食家》的蘇州作家陸文夫就對鱖魚情有獨鍾，他曾經筆帶深情地記述了上世紀五〇年代在江南小鎮食鱖魚的故事：

這是一條小石碼頭，店主從河裡拎起一篾簍，簍裡有一條活鱖魚，約兩斤不到點。按理鱖魚超過一斤便不算上品，不嫩。可陸先生此時饑腸轆轆，卻希望愈重愈好。買下魚後，打兩斤仿紹，店主引其從一吱吱作響的木樓梯上去，樓上空無一人，窗外湖光山色，窗下水清見底，風帆過處，一群群野鴨驚飛，再極目遠眺，青山隱隱，面對碧水波光，「落霞與孤鶩齊飛，秋水共長天一色」。於是，自斟自飲，足足逍遙了三個鐘頭。

看看！這就是吃貨的境界了，有時候，吃的是環境，吃的更是心境。心裡有詩意，就能吃出詩的味道來。要當吃貨，一定要有文化。

如今鱖魚已成了頗受歡迎的一個魚種，各地都會烹煮。到了安徽黃山，還能吃到風味獨特的臭鱖魚。據說，當年某徽商坐船回家探親，因為路遠天熱，攜帶的鱖魚未保存好發臭了，妻子捨不得丟棄，用濃油赤醬處理了一下，沒想到歪打正著，味道竟然好極了。徽商借此推廣，村裡鄉親紛紛仿效，不經意間，臭鱖魚居然成了徽州招牌菜。

初次見到臭鱖魚的人不敢下筷，因為鱖魚發出的似臭非臭的氣味，叫人有點擔心。其實，臭鱖魚當然不會是用變質的魚做的，也不是菜變味而發出的異味，這是這道菜獨有的風味，吃一口後，你會驚訝地發現它的味道竟是那樣的鮮美。

如果要吃松鼠鱖魚，當然以江浙一帶的更為聞名，只要你沒有公子光這樣的兄弟，就不必擔心魚裡面會吃出一把劍來了。倒是張志和那首詞可以熟背，酒席上掉一下書袋也是挺有文化的。

吃貨寶典

魚也有雌雄，一般的魚很難分辨，但鱖魚的雌雄卻容易認別。鱖魚身上有斑紋，斑紋鮮明的是雄性，而斑紋晦暗的則是雌性。雄性鱖魚體形更大，肉質也更鮮美。

○○三 一隻甲魚引發的血案

江河湖海，水深水淺，出產豐富，當然不止幾條魚了。諸葛先生急切地去翻下一張牌。這張牌上畫的是一位武士，右手持劍，左手高舉一根食指，面前的案頭放著一只冒著熱氣的鼎。諸葛先生熟讀詩書，當然知道這個典故：「這是食指大動的故事吧？」俞兒含笑點頭：「要說吃貨，公子宋才是有史以來第一位吃貨。」

諸葛先生見小姑娘如此推崇一位食指會莫名亂動的男人，心裡有些犯醋，不陰不陽地說道：「吃貨倒是個吃貨，卻是個送命的吃貨！」

「食指大動」的成語，凡稱得上吃貨的沒有一個不知道。說的是春秋時期鄭國一位貴族大臣叫公子宋，這位老兄平生所好只在口腹之欲，他還有一項特異功能，他的食指會心電感應，每當有好吃的東西，食指就會自動抖起來。這會兒，他正跟執政大臣子家（公子歸生）一起上朝，走到半路上，他的食指動了起來。公子宋笑著舉起這根手指說：「我的食指一動，就預示著有好東西吃了，今天國君一定會招待我們飽餐一頓。」子家將信將疑，也就一笑置之。

鄭國國君鄭靈公也是一位美食愛好者，而且很有些與人同樂的精神，有楚人獻給他一個大黿龜，鄭靈公立馬令廚子宰殺做羹，要與大臣們一起品嘗。

黿這種東西其實就是大甲魚，《說文解字》中說，黿大鼈也，字音從元，元就是大的意思。鄭國位在今天的河南一帶，地處中原，較少河網，也不出產這種大甲魚，所以要從楚國進口。

甲魚渾身都是寶，四周下垂的柔軟部分，稱為「裙邊」，味道特別鮮美。五代時候，有個叫謙光的酒肉和尚就最喜歡吃裙邊，國主問他有什麼心願，他是這樣回答的：「老僧無他願，但得鵝生四掌，鱉長兩裙。」一副裙邊不夠他吃，希望一隻甲魚生兩副裙邊。

南方人至今還在說一句話叫「老甲魚裙邊拖地」，意思是指一個人經驗老道、閱歷豐富，當然這個稱呼帶些調侃的貶義，不像北方人稱烏龜為王八那樣純粹的罵人。

甲魚與烏龜原本就是兩種不同的動物，也不可混為一談。甲魚在日本也很受歡迎，日本人相信甲魚滋補壯陽，所以，在吃甲魚時，喜歡把甲魚殼硬生生對半扳開，吸食裡面的骨髓。

話說鄭靈公的甲魚宴已經擺上，等著大臣們上朝一同品嘗。公子宋遠遠聞到鮮味，哈哈大笑，對子家說：「怎麼樣？我說的準吧？」

子家對公子宋的特異功能佩服得五體投地，就把公子宋食指大動的故事告訴了鄭靈公。沒想到，鄭靈公這個人有些促狹，俗話叫刁鑽，愛捉弄人。他聽說公子宋能預言，卻偏偏要讓公子宋的預言落空，「公子宋的食指靈不靈，還得通過我這一關呢！」說著，他悄悄地吩咐了內侍。

內侍開始給在座大臣每人分一碗黿羹，公子宋被安排在最後一位，黿羹分配到公子宋時剛好分完，鄭靈公就大笑說：「這回你的食指不靈了吧！」

君臣眾人吃著鮮美的黿羹，看著公子宋的笑話。公子宋當然面子掛不住，青一陣白一陣地變了幾回臉色後，突然走到鄭靈公的座位前，在眾目睽睽之下，將他那根通靈的食指伸進鄭靈公的鼎裡蘸了一下湯汁，放在嘴裡吮了一吮，然後豎起食指高聲宣佈：「我也吃到了！誰說我的食指不靈。」

鄭靈公見公子宋在文武百官面前竟敢如此膽大妄為，放肆無禮，公然挑戰自己的權威，氣得鼻子都歪了，當場就要殺公子宋，多虧眾大臣當和事佬勸住了。

為什麼公子宋只是用手指「沾染」了一下鼎中的黿湯，鄭靈公就差點把他殺掉呢？因為鼎在先秦是權力的象徵，任何人不經君王的允許隨意沾取鼎中之物，就是對君王權力的覬覦，是對統治地位的挑戰。因此，今天的人還用「染指」這個詞語比喻插手不該插手的事情、牟取非分的利益。

一場甲魚宴搞得不歡而散，可事情還沒有結束呢。

經過這次黿羹事件，公子宋擔心鄭靈公對自己秋後算帳，就想先發制人對鄭靈公採取「斬首行動」。但是，以他的實力又不足以成事，於是他求助子家。子家說：「牲口老了，尚不忍殺，何況國君？」他的意思是不想淌這個渾水，給公子宋當槍使。

公子宋是一個陰險小人，見子家不肯就範，就四處散佈謠言說子家要謀害鄭靈公。倒楣的子家被逼得上了他的賊船。於是公子宋發動宮廷政變，殺死了鄭靈公。因為子家是當時的鄭國執政，所以，孔子著《春秋》時就把殺君的罪名記在了子家的名下。可憐子家一世英名，就這麼被毀了。

六年後，背負惡名的子家終於也一命嗚呼，子家的屍骨未寒，鄭國人就把他的棺材給劈了，為鄭靈公報仇雪恨。而公子宋的食指也終於動不起來了，鄭國的政變引起了國際干涉，楚國的軍隊開到，公子宋便被鄭國人殺了，曝屍於朝堂。酒席上最忌鬥氣，當個吃貨還是要吸取鄭靈公和公子宋的教訓。

今天的人烹煮甲魚一般不會費時費力去做羹了，或者整隻清燉，或者斬塊後紅燒，當然也有跟雞一起烹煮，取名叫「霸王別姬」，但因為菜名不太吉祥，上不得檯面。廣東菜有一道叫「龍虎鬥」，原先是用蛇、果子狸和雞一起燉，SARS之後，果子狸就用甲魚替代。元代賈銘的《飲食須知》上說：孕婦吃了甲魚，會使生下的孩子脖子短，這個說法當然沒有科學依據，權當笑話吧。

吃貨寶典

甲魚屬野生的最補，但如何識別甲魚是否野生？一要看背殼。江南的野生甲魚背殼呈黃色，腹部是白色或粉紅色，甲魚的油是黃色的。某些地方的野生甲魚，背殼呈灰黑色，有五朵深黑色的花紋，俗稱五朵金花；腹部的顏色為灰色，同樣有五朵金花。二是要看腳趾。野生甲魚的腳趾看起來又細又尖，比較銳利，而人工飼養的甲魚，腳趾一般比較鈍，因為在甲魚養殖場周圍都是水泥壁，甲魚爬的時間長，爪子自然會磨鈍。

〇〇四 熊掌好吃，罪名難當

孟子說「魚與熊掌不可兼得」，而他老人家給出的答案是「舍魚而取熊掌」，可見熊掌比魚來得珍貴。前面說的多是些魚類，現在該來說說熊掌了。諸葛先生已經看到人家手上那張畫著一頭站立的大熊圖片了，張牙舞爪的，在吃貨眼裡還不就是一對寶貝的熊掌嘛！

說起來，古人吃熊掌的歷史其實很久遠了。原始社會的先民獵殺一頭熊，胡亂烤著吃，其他部位都咬嚼不動難吃得要命，惟獨分到爪子的那位吃得津津有味，於是，大家就知道了熊掌好吃。古人說：「居則狐裘，坐則熊席」，意思是居家時穿的都是狐裘皮草，吃的則是熊宴。當時的熊席多為君王所設，而熊席則都以食熊掌為中心。

熊之美味在其掌，吃熊掌因此也往往是權勢的象徵。歷代帝王大凡都不會放棄這種權勢的象徵，然而，大家卻一致採取了祕而不宣的態度，那些明目張膽留下紀錄的，則都是一些暴君了。比如商紂王因為性急，吃了還沒熟的熊掌硌了牙，一怒之下殺掉了廚師；晉靈公因為廚師沒有將熊掌燉酥，不光要殺廚子，殺完了還要將廚子的屍體裝在畚箕裡，讓婦人抬著走過朝堂示眾（不知道為什麼一定要讓婦人抬他的屍體，可能是因為晉靈公怪他暴殄天物，實在太生氣了，死了還要羞辱他）。總之，兩個晦氣的廚子無一例外，因為熊掌沒燉酥熟而丟了性命，可見此物實在難以燉熟。

其實，燉熟熊掌有個訣竅，那就是先將熊掌在蜂蜜水裡浸上幾天，因為熊喜歡吃蜂蜜，所以需要蜂蜜來化堅。然後在烹煮時，再厚厚地塗上一層蜂蜜，用酒、醋、水三種東西和熊掌一起煮，熊掌就會發得跟皮球一樣大，很容易煮軟了。如果不用蜂蜜，據說任你煨幾天都下不了筷子。

實在沒有蜂蜜，用米泔水（淘洗食米的水）代替浸泡也可以，只是日子要更長一些，這是清代人的食譜裡記錄的。家裡的米泔水是個寶，千萬不要隨便倒掉，洗菜可以去農藥殘留，洗鍋碗則可以去油污。

熊有四個掌，但好吃的只在前面的兩個掌，因為熊一入冬就要入洞冬眠，進了洞裡還沒睡著那會兒，又沒其他東西可吃，只好舔舔自己的前掌，這一習性在家養的貓、狗身上仍然可以看到。因為長時間舔拭，唾液精華都浸潤其中，所以，前掌特別豐腴。但是，一對前掌裡頭又只有一隻好吃，因為據說熊在冬眠的洞裡除了舔一隻爪子之外，還得用另一隻掌抵住自己的穀道，也就是肛門。所謂冬眠，就是得把進出口都管住了，這長覺睡得也滿辛苦的。那只管「出口」的前掌就隱隱帶著一股臭味了。

但問題是你又不知道究竟是哪隻前掌管「進口」，哪隻前掌管「出口」，有人說牡左牝右，也就是公左母右；也有人說一年一換，比如今年用左掌，明年就必定改用右掌，好像這傢伙也知道你們看上了牠的爪子，硬是要給你們出點難題。所以，在烹煮熊掌時，一對前掌一定要分成兩鍋燉，總有一隻是臭不可食的。你想想，打一頭熊多不容易，而四隻爪子又只能吃一隻，這熊掌能不珍貴嗎？

熊掌剛割下來是不能立刻食用的，必須等到第二年徹底乾透才能燉食。而且新割的熊掌也千萬不能碰到水，只可將血水擦乾，不能用水去清洗，否則日後就燉不爛了。

熊掌上的毛也很難去，古人發明了石灰發酵的辦法：挖一個坑放入石灰，再將熊掌放進去，澆以冷水，熊掌在石灰水中發過，冷卻後就很容易去毛了。熊掌的收藏和保存也要用到石灰：先用石灰鋪底，再放一層厚厚的炒米，將熊掌埋藏在炒米中，用石灰封口。這些當然只是聽聽而已，畢竟現在沒人會去保存熊掌。

熊掌好吃，但吃過的人少之又少，本書也只是紙上談兵。據說，吃熊掌還有一個禁忌，那就是農曆十月份不能吃熊掌。為什麼？不知道，古人是這麼傳下來的。唯一例外的是春秋時期的楚成王。他的太子造反，搞宮廷政變，楚成王臨死前強烈要求吃上一頓煮熊掌才肯告別人世，這個時候是十月十八日，死都要死了，當然也管不了這些了。楚成王的太子沒有答應，他倒不是因為怕十月份吃熊掌對他父親身體不好，而是怕他老子藉口吃熊掌拖延時間等待外援，所以堅決不答應，逼著老子趕緊上黃泉路報到。楚成王最後帶著沒能吃上熊掌的巨大遺憾，上吊自殺了。

從前北京的私房譚家菜做熊掌出名，除了宮廷御廚外，據說就他們家最行，譚家菜的老闆也很牛，不管是誰請客都要給他留一雙筷子，你的熊掌也得讓他嘗一嘗，所以他比楚成王口福好多了。

吃貨寶典

沒有交易就沒有殺戮。熊掌和魚翅一樣，現在都不提倡。

○○五 打仗不忘來一碗新風鰻鮝

諸葛先生請來的朋友中有一位來自浙江東部沿海，面前還擺著一罈開了封的鰻乾，是他從家鄉帶來的土貨。而他手裡的牌，也畫著南方人曬醬雞醬鴨、魚鮝鰻乾的情景。

浙江的寧波、紹興、台州、溫州一帶都有曬年貨的習俗，把吃不完的雞鴨用新鮮醬油浸起來，魚鰻之類的水產則是洗淨後曬在風中自然風乾，這跟北方人買來成噸的大白菜醃製了過冬是同一回事。魯迅先生考證這種行為，說是從前必定經過了大饑荒，餓怕了，準備些醬貨醃貨可以長久保存，也算是「備戰備荒」。這樣的說法當然也有道理。不過，諸葛先生嫌他武斷，今天的醬醃食品已經成為南方人席上一道必不可少的美味，餐前的冷盤是必定要有的，跟饑荒之類的記憶其實已經毫無關係。

「就好比這道新風鰻鯗……」諸葛先生動手去夾，轉眼一想，打了一下自己的嘴巴：「好像還真的跟戰亂饑荒有關……」

浙江的朋友有些不滿了：「到底是你說，還是我說？」

「你說你說，我只管吃。」諸葛先生抹著嘴巴，撕扯起一塊鰻乾。

於是，浙江的朋友就給我們帶來了新風鰻鯗的故事，這得從吳越爭霸時候說起：

春秋時候的吳國和越國是近鄰，一個在江蘇，一個在浙江。那時候，東南沿海屬於未開化的蠻荒之地，都算不上發達。春秋爭霸主要在中原進行，晉國與楚國爭得正起勁，晉國人首先想到了扶植吳國，讓吳國去攻打楚國，擾亂楚國的後方；而楚國人也投桃報李，扶持越國。吳越兩國就較上勁了，拿現代的話講叫「代理人戰爭」。當然，後來吳越兩國分別上位做了春秋後期的霸主，代理人成了老闆，這是後話。

吳越爭霸時，開始是吳強而越弱。吳王夫差率兵攻陷了越國的鄞邑，也就是今天的寧波一帶。越國人打仗也是很強悍的，史書上記載，越王勾踐曾經派遣敢死隊向吳軍挑戰，敢死隊員們排成三行，大呼口號衝到吳軍陣前，吳軍將士正嚴陣以待，等他們衝過來交鋒，可越國的敢死隊員卻不過來了，紛紛拔劍自己抹脖子，就這麼倒下了。吳軍哪裡見過這種陣勢，正目瞪口呆時，一支越軍卻趁隙殺到……所以，越國雖然失去了大片國土，但抵抗也是挺頑強的，堅壁清野，完全是一副反掃蕩的樣子。

吳王夫差雖然占了人家的地盤，卻弄不到吃的東西，肚子餓得咕咕叫，這滋味也不好受。幸虧他的廚子聰明，把海裡捕來的鰻用鹽和酒醃漬了，風乾後呈上吳王，這樣下飯可以節省菜肴食糧。沒想到，往日在吳宮中吃慣了各種活魚的夫差，吃到這種鰻乾，胃口大開，讚不絕口。鰻鯗的美名就這麼傳開了。

而為什麼叫「新風鰻鯗」呢？因為當地居民把冬令到春節新年前的西北風稱為「新風」，所以，這段時間晾製出來的鰻鯗就叫做「新風鰻鯗」了。

鰻，在魚類中屬於勁道十足的一種，富含膠質，海鰻更有「水中人參」的美譽，但是鰻的腥味也是很重的，做了鰻鯗倒可以把腥味去除了，這恐怕也是南方人特別鍾情於魚乾鰻鯗的原因了。這種風俗一直沿續至今，清朝的美食家袁枚在他的《隨園食單》中還專門記載了魚鯗鰻乾的吃法。

在清朝的時候，魚鯗空前走紅，尤其以浙江台州松門一帶出產的「台鯗」最為上品。上好的台鯗原本是用黃魚醃製的，而今黃魚鯗因黃魚被濫捕致魚獲大減，僅有的黃魚哪裡還肯做鯗，所以也都用鰻魚鯗替代。根據袁枚的記載，鯗是冷吃，不必煮食；也可以用鮮肉同煨，但需要等肉燒爛後再放鮝進去，否則鮝就燒糊了，找都找不到了。鮝烤肉如果冷食，就成了鮝凍肉，紹興人和寧波人每逢過春節，家家戶戶都要製作鮝凍肉。講究一些的就將鮝與雞一同蒸扣，製作鮝凍雞。

鮝除了可當冷盤年菜，還可製成湯菜。江浙菜的老館子裡有一道鮝蛤雞湯就是以全雞、鰻魚鮝、蛤蜊，輔以冬瓜、香菇及薑絲燉成。雞酥而爛，鮝帶咬勁，湯極鮮雋。

《本草綱目》上講鮝：「性不熱，且無脂不膩，故無熱中之患，而消食、理腸胃也。」看來，在新春酒菜豐盛、每日大啖之際，取鮝為過口菜，還有開胃助消化的功用。怪不得江浙一帶要把鮝當作新春佳餚。

吃貨寶典

鮝有兩種製法，一是加鹽曬乾或焙乾，一是不加鹽而在烈日下自然曬乾。前者味鹹，較為平常，今天市面上供應的大多是這類；後者味淡，需以三伏天的大太陽迅速曬乾，才能久藏不壞，難得而珍貴。挑選鮝時可用舌尖輕舔，以潔淨乾燥無油污而鹽度輕者為佳。如果肉色呈深黃或橙黃色，那就是貯藏過久的次品老貨了。

情侶上館子，建議必點一道菜：鐵板蟶子。

〇〇六 一吻定情西施舌

灼熱冒煙的鐵板上鋪上厚厚的一層精鹽，宛如冬天裡的第一場白雪。將鐵板燒燙，再將新鮮的蟶子放進鹽中，被燙熟的蟶子既鮮嫩又肥美。關鍵還不在這裡，蟶子有一個美名：西施舌。一吻定情，你想這是什麼寓意。

浙江三門多產海鮮，清《寧海縣誌》記載：「蟶，蚌屬，以田種之謂蟶田，形狹而長如中指，一名西施舌，言其美也。」而在福建、山東等其他沿海地方，則把沙蛤稱作「西施舌」，沙蛤呈厚實的三角扇形，外殼淡黃褐色，在水中常吐出一小截白肉，如美人的溫香軟舌，所以《閩中海錯疏》裡記載：「沙蛤土匙也，產吳航，似蛤蜊而長大。有舌白色，名西施舌，味佳。」然而，沙蛤比較少見，而蟶子則大小餐館俱備，所以，情侶們大可將蟶子稱作西施舌，一嘗心願，反正有《寧海縣誌》為證。

諸葛先生看到那一盤鐵板蟶子的圖案，也不禁食指大動、春心大萌。清代一位叫郭鍾岳的在溫州當官，吃了蟶子後寫了一首《西施舌》的詩：「西施舌本尚留香，海客偏能數數嘗。不在若耶溪上去，慚將顏色對吳五。」鮮美的味道，將人引入那段吳越爭霸的前塵往事。

從今天的視角來看，吳越爭霸其實是一場典型的代理人戰爭。春秋末年，晉國與楚國在中原逐鹿，當時的吳、越兩國地處東南一隅，都還是披髮文身的蠻荒之地。晉國率先扶持與楚國接壤的吳國，開闢敵後戰場；而楚國則找了越國做代理人。

吳國引進了晉國的大量軍援後，果然實力大增，又接納了從楚國逃亡過來的大將伍子胥，準備大舉攻楚。在攻楚之前，為了消除後顧之憂，就攻打越國佔領了大片領土。然後，吳國開始了對楚國的閃電戰，一舉攻下楚國的都城郢。伍子胥對已經亡故的楚平王掘墓鞭屍，大洩其憤，以報父兄遭冤殺之仇。就在吳軍主力佔據郢都的時候，越國趁機侵入吳境，雙方矛盾日益激化，於是大打出手，開始了長達二十年的吳越爭霸。

爭霸的上半場以吳國的全勝而告終，越王勾踐也成了俘虜。為了營救越王，越國的謀士范蠡用上了美人計，他在浙江諸暨苧蘿山下找到了正在浣紗的絕色美女西施，將她獻給吳王夫差。吳王夫差果然對西施大加寵愛，在今天的浙北蘇南地區，也就是古代的吳越兩國，留下了不少有關西施的系列菜肴，西施的故鄉諸暨每年還推出西施故里美食節，除了這道「西施舌」外，還有「西施豆腐」、「西施醉月」、「西施藕」、「西施蝦仁」等，一道道菜點無不洋溢著濃郁的古越遺風。

當然了，與諸暨貼鄰的杭州蕭山也一直在爭西施故里的稱謂。其實，古時的疆域劃分與現代的行政區劃有所不同，而蕭山的得名也確實跟吳越爭霸有關，越王勾踐兵敗後退至一處山上，四顧蕭然，所以，這裡就得名為「蕭山」。

這些都是閒話，我們還是來說蟶子。蟶子除了鐵板燒外，其實怎麼燒都好吃，放湯、爆炒，西施舌嘛，怎麼都是軟玉溫香。

蟶子還可製成蟶乾，《紅樓夢》裡賈府一長串的年貨清單裡，有海參五十斤、鹿筋二十斤、牛舌五十條，也有蟶乾二十斤。可見蟶子是個好東西，賈府這樣的奢華人家也好這一口。而這二十斤蟶乾可不是個小數目，按當時的蟶田畝產來計算，大概需要上百畝蟶產出才能曬成。曬成乾後，當然少了鮮味，但卻多了嚼勁，蟶乾用來燉湯，其鮮無比，不過只能喝湯，蟶乾就跟藥引一樣直接扔掉。

吃貨寶典

吃蟶子講究應季時令，清明前後，蟶子上市；到了端午，蟶子長得肥嫩飽滿，味道最佳。最不濟是在秋天，蟶子在白露前抱卵，寒露前後產卵，這個時候的蟶子淡而無味，故有「八月蟶，剩根筋」的說法。去海邊市場買蟶子，都是渾身沾著濕泥、剛從蟶田裡捕來的。內陸城市無此吃福，菜場上賣的蟶子都是浸在水裡，漲得白白胖胖，賣相好看，口味卻已經差了一大截。

○○七 豆腐的發明與愛吃豆腐的名人

有一人翻出一張牌，把它拿起來像照鏡子一樣看了看，諸葛先生這才注意到竟是一位頗有姿色的婦人。說實話，牌裡賣豆腐的美女就像是她。不僅面容神情嫵媚，連披肩的長髮都很相似，還有那雙在桌上移動著的手，柔嫩得就像掐得出水的豆腐。在中國人的詞彙中，豆腐是頗有些情色的聯想，佔女人的便宜叫做「吃豆腐」，而女人如果賣起豆腐，則冠之以「豆腐西施」的美名。

做豆腐、賣豆腐其實是一件很辛苦的事，因為它晨昏顛倒。晚上九、十點泡黃豆，泡七、八個鐘頭後開始上磨，磨出豆漿來要過濾去渣，要生火煮豆漿，再點滷入箱榨去水分，等全部完工已是天亮。夏天還好，冬夜裡起身做豆腐，這滋味可真不好受，所以從前有句老話叫：世間三種苦，撐船、打鐵、賣豆腐。

豆腐是中國人的發明，豆腐西施當然也只能是肯吃苦的國產美人了。在與世界接軌的今天，網紅的臉蛋清一色是韓系整容，要想再找出幾個豆腐西施來，著實有些不易。男人們要想吃豆腐，當然也就愈來愈困難了。

本文要講的是豆腐祖宗的故事，而這祖宗就是豆腐的發明人：西漢的淮南王劉安。

劉安是漢高祖的孫子，十六歲就繼承父親的爵位當了淮南王。他一生好招方術之士，還與賓客門人共同編寫了一本叫《淮南子》的書，這本書包羅萬象，在書裡他首次提出了甜、酸、鹹、苦、辛（辣）「五味之說」，算是把烹飪之術提高到一個理論的層面。

豆腐的發明就跟可口可樂的發明一樣，屬於陰錯陽差。據說，淮南王跟八位方士（八公）一起精研煉丹之術，丹沒有煉成，倒煉出了一鍋豆腐。因為他們當年煉丹的地點是在安徽淮南的八公山珍珠泉，所以叫「八公山豆腐」。據說，別的地方豆腐做湯，豆腐均沉於水；八公山豆腐做湯，豆腐則都浮於水。

豆腐從前被稱為「鬼食」，就是因為祭祀祖宗都要上一碗豆腐，如今死了人辦喪事也叫「吃豆腐飯」。唯一例外的是，孔廟祭祀絕不用豆腐，據說淮南王劉安崇信道家而詆毀儒家，他活著的時候還沒有「罷黜百家，獨尊儒術」，劉安一直攻擊儒家是「俗世之學」，所以，孔廟祭器中絕不用他發明的豆腐，以示勢不兩立。

豆腐是劉安發明的，這個說法是終身不吃豆腐的宋朝大儒朱熹說的。但他這個說法還是有爭議，因為在唐以前的書裡都沒有豆腐的記載，這是不是暗示中國在唐朝以前還沒有豆腐可吃呢？不過，有個日本人來湊熱鬧了，專門寫了《豆腐考》一篇論文，據他說，從南北朝到唐朝，北方的遊牧民族大量進入中原，胡人慣食的牛羊乳加工品如乳酪等也進入中原，但漢人因牛羊乳稀貴，便用豆類磨乳漿以作代替，於是，就做出了豆腐。這個說法應該更接近真相，前面的就都當作傳說了。

豆腐的製作古代與現時基本相同：先磨豆漿，後入鍋上灶煮，然後用青鹽點滷，使豆漿凝固。豆腐的好壞，用水很重要，好豆腐須用泉水細磨，而且磨子也要好，好的豆腐磨子不是用一般的石頭，而是要用紫石細棱這類製作硯臺的材料來製作。當然了，製好豆腐還須在大豆中加一點綠豆，這是製豆腐的祕方。清朝一位尚書告老還鄉時，皇帝把這祕方賜給了他，而他去御膳房取這祕方時，還被敲詐了一千兩銀子。想想，就是加幾顆綠豆這麼點事，值一千兩銀子啊！廣東話叫「呃鬼食豆腐」，就是形容很不靠譜的事情；杭州人俗諺叫「買塊豆腐撞撞死」，也是形容很不值的事。

豆腐做菜最有名的是一道「金鑲白玉嵌，紅嘴綠鸚哥」，說破了其實也就是「菠菜豆腐羹」。據說當年乾隆爺下江南，到浙江的海寧陳家，吃了這道菜後留下這麼一個御題的菜名。製作這道菜時，千萬不要把菠菜底部的紅色菜根去掉，否則就沒有「紅嘴」了。

最下里巴人的做法則是泥鰍滾豆腐。此菜的創始想當然應該是漁民了，漁民捕到的小泥鰍上不了賣市，便買塊豆腐同煮。泥鰍怕燙，都鑽到豆腐裡去了，這一鍋湯要趁熱吃，味道格外鮮美。

喜歡吃豆腐的名人向來不乏，清朝的大美食家袁枚就是一位。據徐珂的《清稗類鈔》記載，有個叫蔣戟門的人擅長烹飪，所製的豆腐菜尤其出名。袁枚為此專程去拜訪他，蔣戟門操辦了一桌豐盛的菜肴，但袁枚卻只顧著吃豆腐，不吃別的了。直到宴席結束，袁枚仍對豆腐的美味讚不絕口，蔣戟門說你既然這麼喜歡，以後經常來，我再做給你吃；而袁枚卻懇求蔣將烹煮方法告訴他。蔣戟門開始不肯，後經袁枚再三懇求，就故意出難題說：「古人不為五斗米折腰，你肯為豆腐菜三折腰，我就告訴你。」蔣戟門原以為袁枚不能接受，沒想到袁枚略加思考，便真的對著那碗豆腐連鞠了三個躬。蔣戟門只好將豆腐菜的烹煮方法告訴了袁枚。

另一位知名的豆腐愛好者就是國父孫中山了。中山先生一貫偏好素食，除了鴨血豆腐羹外，更喜歡東江的釀豆腐。釀豆腐的來歷起源於安徽鳳陽。這道菜的製作，先把豆腐切成銅板大小的片，兩片中間夾入由豬肉蝦仁和調味品做成的蠶豆大小餡料，然後用蛋清打成糊，裹住豆腐入油鍋炸成金黃。用糖汁在火上熬成稀糊，加醋，澆在炸好的豆腐上。由於它是把主食挖空，再將另一種食材鑲嵌入中空的部分，這種技法就叫「釀」。今天有的餐廳寫作了「鑲」，不是正統的寫法。

當年，孫中山去廣東梅縣視察，老同盟會員請他吃釀豆腐，吃得津津有味，連問菜名，廣東人的國語半生不熟，孫中山聽了以為叫「羊鬥虎」，還鬧了個笑話。孫吃得滿意，並關照說：「往後各級黨幹部到來，就介紹他們吃釀豆腐。我總理都吃得，他們還敢嫌嗎？」意思是不要宰雞殺鴨的鋪張浪費。然而，此菜絕對是道功夫菜，如果要說方便，恐怕還是宰隻雞鴨來得方便了。

吃貨寶典

飲酒時宜多吃豆腐，因其含有半胱氨酸，能加速酒精在身體內的分解，減少對肝臟的毒害。飲酒過度者，用熱豆腐切片，滿身貼上，冷則換掉，很快醒酒。豆腐中含嘌呤較多，痛風病人要忌食豆腐。

〇〇八 聞到狗肉香，神仙也跳牆

「聞到狗肉香，神仙也跳牆」，據說，這句話是鄭板橋講的。這位「寧可食無肉，不可居無竹」的鄭板橋平生嗜食狗肉，「無肉」可以，但無狗肉則不行。諸葛先生聽說過他的一個逸聞：

當時揚州有一位鹽商想用重金求購鄭板橋的一幅畫，但鄭板橋不屑與這種見利忘義之徒交往，終未應允。後來，鹽商探聽得鄭板橋愛吃狗肉，便心生一計。有一天，板橋出城數里，見一茅屋，隱隱有狗肉香味飄出。鄭板橋忍不住推門進去，只見一個老者獨坐榻上，屋前置一小爐，正在烹煮。

老者邀鄭板橋共進美食，而鄭板橋則作畫相酬，兩人歡談而別。沒想到，鄭板橋的這幅畫第二天就被鹽商拿來大宴賓客時展示。鄭板橋聞知大為不樂，出城再訪老者，也已無蹤影。就這樣，為了一頓狗肉，鄭板橋中了鹽商的圈套，可見狗肉對他的吸引力有多大。

這會兒要講的故事也跟狗肉有關，俞兒已經發牌給了一位隆準龍顏、蓄著好看鬍鬚、神情卻有些無賴的美男子。這張牌上畫著一個戴平天冠的皇帝，舉著酒樽，站在高臺上意氣風發地吼一嗓子，諸葛先生當然知道，這說的是漢皇故里狗肉香的故事。他瞄眼偷看那美男子，不知道是不是像書裡記載的左股也有七十二顆黑痣，無奈酒桌上總不好撩起人家的褲子來看。俞兒似乎知道他的心思，朝他笑笑，開始講下面的故事。

彭城，也就是今天的徐州，傳說中最早的廚師祖師爺彭祖的封地，也是楚漢相爭的重要戰場。離彭城不遠的江蘇沛縣，是漢高祖劉邦和他的大將兼連襟樊噲的故里。

現代人講動物保護，尤其是養寵物狗的，提到吃狗肉都深惡痛絕。但不可否認，中國食狗肉之風由來已久，浙江餘姚河姆渡遺址裡出土了不少狗骨，就證明了這一點。

狗肉的地位原先是滿高的，商周時期一直作為祭祀的貢品，這從漢字上也可看出點門道，貢獻的「獻」字，一邊就是一條犬。《說文》中說：「宗廟犬名羹獻，犬肥者以獻之。」可見狗肉當年是很上得了檯面的。沒辦法，中國人就是敢吃，就是會吃，連老鼠肉當年也曾是祭祀的貢品，湖南長沙馬王堆及河北中山靖王劉勝的墓地裡都挖出若干罈封的鼠肉乾，說明老鼠肉在漢朝也跟今天的「金華火腿」一樣吃香。老鼠肉都吃香，更何況狗肉了。據說越王勾踐為了與吳王爭霸，急需擴充人口，還端出了一項有趣的獎勵生育政策：「生丈夫，二壺酒，一犬；生女子，二壺酒，一豚。」根據古代重男輕女的一貫習俗，可以推斷狗肉的地位應該在豬肉之上。

話說樊噲的出身就是一個以屠狗為業的屠夫，每天在四鄉買得活狗，宰殺後汲井水烹煮，設攤叫賣，聞到狗肉香，神仙也跳牆。劉邦是一個無賴，也來跳牆，經常吃了樊噲的狗肉不付帳，樊噲被他搞得煩不勝煩。據說有一天，劉邦尋樊噲不著，知道人家躲著他不讓他吃白食了，再三打聽才知道樊噲去了河東，於是劉邦趕到河邊。但面對著滔滔河流，卻為沒法過河而犯愁。此時，一個老黿浮出水面，馱著劉邦到了東岸。

樊噲正在烹煮狗肉，沒想到劉邦又跟過來，心裡將那個多事的老黿恨得牙癢癢的，就把這隻老黿也捉了，扔進狗肉鍋裡一起燒來吃。沒想到燒煮出來的狗肉異香撲鼻，味道特別鮮美。從此，這一帶的「黿汁狗肉」就名揚四海。而劉邦聽說樊噲將那隻大黿殺了，心裡也不高興，於是就以亭長（派出所所長）的身分藉口整頓社會治安，把樊噲的屠刀給沒收了。沒有了屠刀，樊噲只好以拳頭打死活狗，但賣肉時卻沒法割了，也只好用手去撕了賣。所以至今，沛縣賣狗肉還是採用當初不用刀割，用手撕的老辦法。

「誰言狗肉難登桌，漢帝還鄉著意多」。沛縣的狗肉確實因人而貴，據說東漢光武帝劉秀年輕時也曾殺狗賣肉，河南的「試量集狗肉」打的就是劉秀的招牌。到了南北朝時候，吃狗肉的傳統也隨著中原人南遷，南齊開國大將王敬則早年還曾到高麗國「留學」，專門學習屠狗術，回來做屠狗商販，遍於三吳。從此，狗肉文化也在江南遍地開花，到處狗肉飄香。如廣西桂林就把「狗肉」當作好朋友、死黨的意思，老朋友叫「老狗肉」，新朋友叫「小狗肉」。

不過，後來禁止吃狗肉也是因一位皇帝。

這位皇帝就是宋朝的徽宗皇帝。宋徽宗生肖屬狗，而當時全國人民都在吃狗肉，河南有「試量集狗肉」、安徽有符離集「岳毛狗肉」、湘西有「橘汁狗肉」、桂林有「砂鍋狗肉」、廣州也有狗肉煲……皇帝想著心裡總不大舒服，於是，下達聖旨，禁止屠狗吃狗肉，違者以「大不敬」論處。他還專門從國庫裡撥了兩萬貫錢，鼓勵人們踴躍舉報違禁屠狗食狗肉者。這麼一來，市場上的狗屠夫只好改行殺羊了。不過，這幫人殺順了手，私下仍然會殺狗賣狗肉，這也是「掛羊頭賣狗肉」這句俗語的由來。

當然了，作為一位有文化的皇帝，宋徽宗也知道改造人們的思想不能一味靠禁止，還得動用御用的宣傳工具。於是，一班文人大力宣揚吃狗肉是一種文明陋習，狗肉上不了檯面。從此之後，吃狗肉的風氣就得到了一定的遏止，哪怕你是神仙，要想跳牆，你就去吃「佛跳牆」吧，狗狗還是留著做人類的好朋友，只可暖心不可暖胃。

吃貨寶典

狗肉在中醫界被認為是一劑良方，有補腎、益精、壯陽之功效。但鹿鞭、牛鞭都好吃，狗鞭、狗腎卻不能吃。《內則》上說：「食犬去腎」，因為狗腎對人體沒有好處，這一點千萬牢記，不要上了店家的當，賣條狗鞭給你也當個寶。還有狗肉不能跟菱角一塊兒吃，吃了容易得癲癇病。當然了，最好是不吃狗肉。那麼，怎麼戒掉吃狗肉的癮頭呢？這個容易，回家養條寵物狗，管保你再也不肯吃狗肉了。

○○九 喝水不忘挖井人，吃火鍋不忘愛國

綠蟻新醅酒，紅泥小火爐。晚來天欲雪，能飲一杯無？

寒冬時節，邀三五好友，圍爐而坐，吃著火鍋喝著酒，實在是人生一大快事。隨著川菜館的遍地開花，火鍋其實也不是冬天的專利了，一年四季火鍋常新，即便是三伏暑天，喝著啤酒涮火鍋，大汗淋漓出一身，豈不快哉？諸葛先生眼尖，看到座上客人翻出的一張牌正是熱氣騰騰的火鍋，不覺口舌流涎。

火鍋的來歷據說跟馬背民族有關，馬上縱橫逐草而居，沒有那麼多鍋碗瓢盆的廚具講究，升起一堆火架上一口鍋，什麼東西都往裡面涮，那就是火鍋了。但是，四川地處西南，似乎與馬背民族接觸較遲也較少，難道四川的火鍋也是從馬背民族傳入？

這一說法顯然存疑。四川人喜歡吃火鍋跟他們地處山區氣候潮濕有關，火鍋加辣椒，可以袪除濕寒。至於火鍋的發明，其實還是要說到漢朝的一位皇帝。這位皇帝就是後來被民間尊為廚神之一的漢宣帝。

在民間傳說中，就像財神有很多位一樣，廚神也有很多個。上古時候「治大國如烹小鮮」、廚師出身的宰相伊尹當然是一個，長壽的彭祖也是一個，齊桓公寵信的大臣易牙燒得一手好菜也算一個，而出身帝王之家的廚神就只有漢宣帝一個了。

漢宣帝在當皇帝之前是個苦命的孩子，他的名字叫劉病已。從這個名字可見，他小的時候身體一定不太好，中國人取名時講究一個互補作用，比如霍去病、辛棄疾，這些名字的寓意都是為了孩子健康。當然了，如果僅僅是健康問題，生在皇家倒也不是什麼大問題。漢宣帝的苦命人生苦在他雖然出生於帝王之家，卻是帝王家的「叛徒之門」。

劉病已的祖父就是漢武帝的「戾太子」劉據。劉據被人誣告以巫蠱之術詛咒漢武帝，武帝要殺他，他被迫帶著幾百人的太子衛隊造反。這區區幾百人，造哪門子的反呀？結果當然是失敗，然後自殺了。小孫子劉病已此時還在繈褓中，也受牽連被送進了牢房。據說他的太爺爺漢武帝一開始還想斬草除根，有大臣冒死進諫，說這根還不是你自己的根麼！太爺爺總算留了玄孫的一條小命。後來，逢了大赦，小傢伙又被從牢裡抱了出來，從此寄養在民間。

因為在民間長大，所以這位皇帝很接地氣，當了皇帝後他還偷偷溜出宮去買燒餅吃。他每到長安城一家飯鋪買過燒餅後，這家飯鋪的生意一定紅火，後來做麵食生意的都將他的畫像掛在店堂裡，尊奉他為麵食類的「廚神」，請他保佑自己生意興隆、財源滾滾。

漢宣帝雖說不曾親手烹煮什麼名菜佳餚，但正是在他的親自宣導和支持下，一道新的宮廷御膳橫空出世，這就是今天火鍋的前身——砂鍋養身湯！這裡面還牽涉到漢朝歷史上的一位大名人蘇武。

蘇武是漢武帝朝的臣子，並派作外交使者出使匈奴。原本是去朝賀匈奴的新一代領導，沒想到匈奴的政局卻發生了變化。馬背民族不大講道理，也不顧外交禮儀，漢朝的外交官蘇武被他們強行扣押，後來又被流放到今天的西伯利亞貝加爾湖一帶牧羊。

「蘇武，留胡節不辱，雪地又冰天，苦守十九年。渴飲雪，饑吞氈，牧羊北海邊。心存漢社稷，旄落猶未還。歷盡難中難，心如鐵石堅。夜在塞上時聽笳聲，入耳痛心酸。轉眼北風吹，雁群漢關飛。白髮娘，望兒歸，紅妝守空幃。三更同入夢，兩地誰夢誰？任海枯石爛，大節總不虧。寧教匈奴驚心破膽，共服漢德威。」

這首《蘇武牧羊》的歌是二十世紀初一個叫蔣蔭堂的中學教師寫下的，每一個人都應該學一學這首歌，尤其是在吃火鍋的時候。

蘇武在北海牧羊的時候，沒有煮食物的鼎和鍋，只能用鍋底狀的石頭化雪止渴、煮肉充饑。十九年後，他回到長安，受到長安人民英雄般的夾道歡迎。此時的他已經白髮蒼蒼，卻精神矍鑠，滿面紅光。漢宣帝關切地詢問他在胡地的平常飲食，蘇武如實相告。

漢宣帝立刻聯想到蘇武的高壽和健康可能與這種飲食習慣有關，於是，就派御醫和御廚聯合成立了研究小組，研製出專門用來涮食羊肉的砂鍋，並在熬湯時加入牛羊鹿的骨頭、鱉的甲骨等材料，以強筋壯骨，延年益壽。為了紀念蘇武這位民族英雄，漢宣帝親自將這鍋湯命名為「蘇武補元湯」，並載入漢方御膳。從此，火鍋就不只是胡人的專利，在漢地也逐漸流傳開來。

吃貨寶典

各地火鍋風味各異：北京的羊肉涮鍋、杭州的三鮮火鍋、湖北的野味火鍋、東北的白肉火鍋、香港的牛肉火鍋、重慶的鴛鴦火鍋、上海的什錦火鍋、四川的麻辣火鍋，均為食客們所津津樂道。吃火鍋也有講究，調料一般選用最基本的蔥薑蒜和香油，這樣才能吃出火鍋的原汁原味。燙菜也有規矩，先吃毛肚鴨腸一類的食材，燙法是七上八下，這樣燙出來的菜才最嫩。

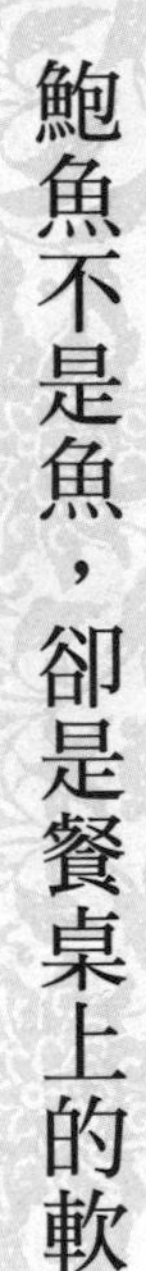

〇〇十 鮑魚不是魚，卻是餐桌上的軟黃金

從前沒吃過鮑魚，卻對鮑魚留下了一個不好的印象。在中國的古代典籍裡記載的都是鮑魚的負面消息，最有名的一句話叫：「與善人居，如入蘭芷之室，久而不聞其香；與惡人居，如入鮑魚之肆，久而不聞其臭。」說的是一個人的潛移默化，與近朱者赤近墨者黑一樣的道理。另一個故事是說秦始皇死在了巡遊天下的途中，趙高等人祕不發喪，為了掩飾屍體發出的臭味，在車上裝了一石鮑魚，讓死鮑魚的臭味蓋過屍臭，以掩人耳目。

這樣的記載當然讓人產生誤會，以為鮑魚是個不好的東西。後來，隨著港式料理和海鮮粵菜的傳入，我輩才大開眼界：原來鮑魚是身價這麼高的東西。

其實，鮑魚歷來就有「海味之冠」的美譽，位列海參、魚翅、魚肚之前。以前歐洲人就把鮑魚當作一種活鮮食用，稱之為「餐桌上的軟黃金」。

鮑魚並非會游泳的魚，而是腹足綱軟體動物，屬於海產貝類。鮑魚的外殼粗糙，殼的邊緣有九個孔，這是鮑魚呼吸、排泄和生育的通道。殼內的軟體部分呈扁橢圓形，黃白色，大者如茶碗，小者如銅錢。這軟體部分就是鮑魚的肉足，平時全靠它爬行或吸附在礁洞之中。

一隻鮑魚的吸力可以達到二百公斤，任憑狂風巨浪都不能把牠掀起。所以，捕捉鮑魚時只能趁其不備，以迅雷不及掩耳之勢用鏟鏟下或將其掀翻，否則即使砸碎牠的殼也休想把牠取下來。

鮑魚必須去殼、鹽漬一段時間，然後煮熟，除去內臟，曬乾成乾品。牠的肉質細嫩，鮮而不膩，清而味濃，而且營養價值奇高，為歷代皇室宮廷所推崇。

諸葛先生手頭捏的正是這張鮑魚的牌，畫面上一個戴著皇帝冠冕的人，手持酒樽對著一盤鮑魚大啖，神情卻是落寞和沮喪的。

「這一定是獨樂樂不如眾樂樂的意思了。一個人吃鮑魚，也吃不出什麼味道來。」諸葛先生想當然耳的評價說。

俞兒嫣然一笑，問道：「那麼，你知道這位獨樂樂的皇帝是誰嗎？」

諸葛先生熟讀經史，當然難不倒他。這位無奈的皇帝就是中國第一位「民選」的改革派皇帝王莽。

王莽這個人歷代對他的評價都不大好，認為他是一個偽君子，白居易有首詩：「周公恐懼流言日，王莽謙恭未篡時。向使當初身便死，一生真偽復誰知？」給他定了性。其實，他也許是一個不合時宜的理想主義者，最後毀滅了自己也毀滅了理想。王莽是以優秀青年的姿態登上歷史舞臺的，謙虛好學，禮賢下士，沒有外戚貴胄的臭毛病。在他執政的時候，口碑指數爆棚，被看作是周公再世，大漢朝的中流砥柱。

老百姓也希望他來當皇帝，領導大家走上繁榮富裕的康莊大道。沒想到他「順應民意」真的當了皇帝後，大家又不認同他的那套理想了。順便說一句，後世的袁世凱也以為自己是「順應民意」當皇帝的。看來，民意這東西真的很難把握，就像捉鮑魚一樣，沒有迅雷不及掩耳的手段還真難對付。

《漢書‧王莽傳》記載：「莽憂懣不能食，亶飲酒，啗鰒魚。」極品的鮑魚，古時稱「鰒魚」，王莽別的東西都吃不下了，總算鮑魚還能吃，於是大啖特啖。一則說明鮑魚好吃，口味佳營養豐富，還沒有副作用，吃多了也沒關係；二則也說明古時候的鮑魚產量高。前面說到趙高用一石的鮑魚來掩飾秦始皇的屍臭，秦時的一石換算成現代的計量單位就是一百零九公斤，可見那時候的鮑魚也只當尋常了。

但是鮑魚的生長比較慢，長到六至八釐米一般需要四年左右，再加上歷代宮廷王室都把鮑魚當作貢品，所以，天然的鮑魚也就愈來愈難得了。

鮑魚跟樹木一樣也有年輪，只是一般人不太懂得看。鮑魚當然是愈大愈好，等級按「頭」數計，有「一頭」、「二頭」、「三頭」、「五頭」、「七頭」、「十頭」、「二十頭」不等。所謂的「頭」，是一種港秤的計量法，也稱司馬斤，約合六百克，「三頭鮑」是指三顆鮑魚就達到六百克的標準。「頭」數愈少價錢愈貴；即所謂「有錢難買二頭鮑」。

清朝時，沿海官員進京都把鮑魚當作貢品，當時還有一條潛規則：一品官員必須送一頭鮑；至於七品京官，送個七頭鮑就可以了。現在到飯店點個「九頭鮑」也已經挺厲害了，一般菜市場上買的小鮑魚，那是沒法算「頭」的。

鮑魚是功夫菜，一般只能由粵港的大廚來掌勺，要讓湯汁入味，沒有三、五個小時的烹煮是做不到的。所以，家裡吃吃小鮑魚也就可以了。

鮑魚在香港、廣東一帶最受歡迎，據說也跟牠的名字有關，「鮑者包也，魚者餘也。」包羅萬象，包你發財，年年有餘、餘錢不斷，討個口彩吉利，所以是逢年過節或者宴請筵席上的必備料理。

吃貨寶典

吃鮑魚一定要細嚼慢嚥，切忌囫圇吞棗。倒不是怕不消化，而是鮑魚的質感和濃香滋味一定要在口齒間慢慢品味，配合紅酒，味道更佳，能體會到接吻的滋味，你便算個合格的吃貨了。

〇十一 鰣魚就得帶鱗吃

說罷鮑魚、熊掌，俞兒又請出一位頭戴笠帽身穿蓑衣的客人，諸葛先生偷眼看去，此公神情高逸，一副不食人間煙火的樣子，這樣的朋友難道也會是吃貨？他還在懷疑，蓑衣客卻像變戲法似的從身後取出一尾鮮活的魚來，那魚兒通體扁長，足有二尺多長，身上的魚鱗泛著銀白色的光，十分耀眼。俞兒替他亮出了底牌，上頭是大名鼎鼎的隱士嚴光和他的富春江鰣魚。

古代有四大美魚：黃河的鯉魚、伊洛的魴魚、松江的鱸魚和富春江的鰣魚。鰣魚也是名貴的食用魚之一，在南方的長江、錢塘江、珠江水系都有出產，而尤以杭州富陽、桐廬一帶出產的富春江鰣魚最為著名。鰣魚鰣魚，魚如其名，是一種季節性時令性很強的魚種，每年初夏時出產，其他月份就不復有了。因為平日生於海中，每年只在夏初才進入江中淡水產卵，到達之處最多不過南京，再上游便少見了。

北方的朋友初來乍到，酒筵端上一條帶鱗的鰣魚往往咋咋呼呼，以為是廚師搞錯了，忘了去鱗。其實，清蒸鰣魚不刮鱗，是因為鰣魚的魚鱗下脂肪肥厚，含蛋白質高，所以，鰣魚是唯一帶鱗吃的魚。富春江鰣魚據說唇部微有胭脂色，陽光下鱗間有鮮豔的七彩時隱時現，因此更加名貴。

鰣魚的魚鱗味道鮮美、營養價值高，而鰣魚也十分愛惜自己的鱗，漁夫用絲網捕魚，一絲掛鱗，這種魚就不動了，被捕後也不再像其他魚那樣活蹦亂跳地掙扎，為的就是保護自己美麗的鱗片不致掉落，所以牠是寧可喪生而不肯失鱗，蘇東坡稱之為「惜鱗魚」，並有詩云：「芽薑紫醋炙鰣魚，雪碗擎來二尺餘。尚有桃花春氣在，此中風味勝鱸魚。」

鰣魚以愛鱗惜鱗著稱，而鰣魚的出名也跟一位同樣愛惜羽毛的名人有關。他就是東漢初年著名的隱士嚴光，嚴子陵。

位於桐廬富春江畔的東漢嚴子陵釣台，兩崖秀壁對峙，景色瑰麗奇絕。千百年來，歷代名流在此留下了無數詠歎的詩篇和記事的碑亭石刻。北宋名臣范仲淹特別敬仰嚴子陵的高風亮節，在釣台下為嚴子陵建起祠堂，並寫下了著名的《嚴先生祠堂記》這篇文章，文末有一句千古流傳、膾炙人口的名句：「雲山蒼蒼，江水泱泱，先生之風，山高水長」，這也成了歷代對嚴子陵的最高評價。

嚴子陵是浙江餘姚人，據說他曾經跟東漢的開國皇帝・光武帝劉秀是同學。劉秀當了皇帝後，多次力邀這位老同學到朝廷做官，但都被嚴子陵拒絕了，他還改名隱居到了富春江畔。劉秀求賢若渴，親自趕到桐廬來勸說他出山，並且在嚴子陵的茅屋裡同吃同住了幾天。因為屋裡只有一張床，兩個人只得擠在一起。

據說，嚴子陵很不客氣，晚上睡覺時把大腿直接擱在了皇帝的胸口上，光武帝脾氣好，怕吵醒了老同學，一直不吭聲。有一天，嚴子陵向劉秀描述了自己在富春江上垂釣鰣魚、清蒸下酒的閒適灑脫生活，皇帝連聲稱好，富春江的鰣魚也勾起了他的食欲，於是他神往地表示也想嘗一嘗鮮，而嚴子陵卻不失時機地接過劉秀的話頭說：「既然如此，我現在過得這樣閒適灑脫，你怎麼忍心讓我得而復失這種美好的享受呢？」劉秀頓時無語，終於拗不過嚴子陵以鰣魚味美為托詞，只好讓他繼續歸隱富春江畔，消受那種無拘無束的遊釣隱逸生活了。

在中國人的價值評判中，達則兼濟天下，窮則獨善其身，一直是理想的兩種境界，所以，歷代對嚴子陵這種潔身自好的隱士也都是採取仰慕、推崇的態度，就好比吃貨們既重山珍海味，也喜清淡小菜。嚴子陵的風骨垂範後世，而富春江的鰣魚也名重一時。舊時，每到春夏之交，鰣魚上市的時節，許多達官顯宦、文人墨客就特地趕到富春江畔的嚴子陵釣台，品嘗鰣魚之美，體會鰣魚的惜鱗精神，憑弔先生的高風亮節。

鰣魚頗難保鮮，而且肉質細嫩，稍一變味就很容易吃出來。因此，明清時期，講究飲饌的揚州鹽商們，吃鰣魚是派廚子帶著炊具專門候在江邊，現買活的鰣魚烹煮，讓鰣魚出水即入鍋，再從江邊挑著行灶，蒸到筵前上桌。這樣，鰣魚的鮮味就全部保留住了。明朝的開國皇帝朱元璋最愛吃鰣魚，他定都南京，吃鰣魚也十分方便。而永樂遷都北京後，每年五月把鰣魚運往北京就成了一件例行的大事。

明清時期，鰣魚一直被列為皇家貢品，在南京設有專門的冰窖，每三十里一站，白天懸旗，晚上懸燈，飛馬快遞。鰣魚離水即死，因此吃新鮮的鰣魚十分不易，當時規定：限二十二個時辰，也就是四十八小時內送到北京，這情形頗有點像「一騎紅塵妃子笑，無人知是荔枝來」的味道。

運送過程中的保鮮當然是用冰塊了。地方官對皇差不敢怠慢，大量供應冰塊，而尚膳監主事的太監卻發現了生財之道，冰塊太多用不完，他們靈機一動，要官員們只供給一半的冰塊，另一半折現，納入了他們的荷包。這種貪污行為愈演愈烈，到後來冰塊愈來愈少，折現愈來愈多，到了明神宗萬曆年間，運鰣魚的冰鮮船居然連一塊冰都不用了。這樣運到北京，當然就發臭了。

但發臭也可交差，尚膳監派人將鰣魚洗乾淨，灑些香水，等臨下廚時再用雞肉、豬肉、香菇、鮮筍來分散臭味。反正從小生在北京的皇帝們，從來不曾吃過新鮮鰣魚，還以為鰣魚就是略帶臭味的那個味兒，便也吃得津津有味了。臭鰣魚分享近臣時，沒吃過新鮮鰣魚的也不知上當，吃過的也只裝作不知，誰敢無事生非向皇帝打小報告。於是，貴為皇帝者，居然只能吃腐臭的鰣魚了！

而這種快遞驛運卻一直沿續著，這麼進貢了兩百多年，一直到康熙年間，有大臣向皇帝進諫，康熙帝才下令「永免進貢」，停止了這種勞民傷財的情況。

鰣魚的名貴更在牠的時令，配合鰣魚的時令，還有很好聽的專用名字，春末鰣魚初到，稱為「頭膘」。鄭板橋有詩：「江南鮮筍趁鰣魚，爛煮春風三月初」，指的就是食春鰣頭膘。「頭膘」數量極少，捕獲極難，老饕吃貨們也視為珍品，這個時候的鰣魚價格也特別貴，在清人的紀錄中就要「千錢一尾」，非達官貴人一般是不敢沾箸的。

「頭膘」之後稱作「櫻桃」，清人曹寅詩云：「三月齏鹽無次第，五湖蝦菜例雷同。尋常家食隨時節，多半含桃注頰紅。」詩中的「含桃注頰紅」指的就是櫻桃鰣魚。入夏後，鰣魚已不算珍食，江南鎮江、揚州一帶的民俗，五月端午親友之間要互贈鰣魚，可見已多了去。

吃貨寶典

鰣魚除了配一些筍片之類的清蒸外，還可用酒釀、蛋清加蜜汁蒸食。但無論如何，都是去腸不去鱗，否則就是暴殄天物了。鰣魚的魚鱗又以魚背的鱗片特別鮮美，吃貨下箸要直取其背。另外，鰣魚保鮮除了用冰塊外，變通的辦法是改用上好的香油浸漬，可以經月不變。

○十二 黃河鯉魚吃的是長壽和家鄉的記憶

光武帝劉秀沒吃到嚴子陵的清蒸鰣魚，悻悻然回到洛陽，卻吃到了黃河鯉魚。洛陽就在黃河之側，要吃鯉魚當然方便，不過一般的黃河鯉魚只有兩三斤重，要想捕到十斤左右的特大鯉魚還是有些難得。

諸葛先生看到一位客人攤開了手中的牌，卻是一張《孔子行跡圖》，內容大家也都知道：孔子的兒子出生，魯昭公送了一條大鯉魚作為賀禮，孔子深感榮幸，便給兒子取名為孔鯉，字伯魚。看來這鯉魚確實是很早就進了中國人的餐桌，而黃河鯉魚作為鯉魚中的珍品，早在《詩經》中也留下了「豈其食魚，必河之鯉」的詩句，意思是：吃魚不一定要吃黃河鯉魚吧？你要求這麼高！

鯉魚在中國文化中是一種被神化的魚，鯉魚無論大小都有三十六塊鱗片，不多也不少，正合了六六之數，而且有的鯉魚額頭還有隱隱的王字，儼然跟獸中的老虎一樣，所以《神農書》上就說「鯉為魚之主」。據說黃河鯉魚躍過龍門就會化作龍，所以，在今天「魚躍龍門」的圖畫中出現的一定是鯉魚的形象。《聊齋》之類志怪小說中成精的也大多是鯉魚。而中國人講「年年有餘（魚）」，逢年過節祭祀用的也一定是一條鯉魚。

當然了，除了孔府的祭祀外，因為孔家的二世祖叫孔鯉，為了避諱，搞得孔家的後人都不敢吃鯉魚，連祭祖時也改用鯽花魚代替了。還有就是在唐朝的時候，唐朝的法律曾規定不准吃鯉魚，因為鯉與唐皇帝的李姓諧音，鯉魚預示著唐之興盛，所以禁止大家捕食，抓到了也只能放生，發現有賣者，要打六十大板。

鯉魚跟長壽掛上鉤則是因為光武帝劉秀的緣故。其實，光武帝也是到了晚年才吃到一條特大的黃河鯉魚。那一年春天，光武帝外出遊獵，來到黃河水濱，忽見一條赤色金背的大鯉魚躍出水面，在陽光下金光閃閃。劉秀大喜，立刻命人捕捉上來，足有半個人高，確實罕見。御廚將黃河鯉魚與枸杞子同燒，色香味俱全，酸甜開胃，劉秀食欲大開，吃後御題賜名「長壽魚」。從此，糖醋黃河鯉魚就成了壽筵上必備的一道菜，一直到清朝乾隆皇帝辦「千叟宴」，壓軸的主菜也是這麼一尾黃河大鯉魚，只不過除了枸杞子外，鍋中還加入了一些時鮮菜蔬及長壽麵。

黃河鯉魚以肥美著稱，古人食鯉剛開始只會作膾，也就是魚片，而作膾用的魚其實不宜過大，鯉長一尺最好，過大則皮厚肉硬了。到了東漢時，開始用鯉魚作胙，也就是全魚，這個時候要用大魚了，愈大愈稀奇。所謂「洛鯉伊魴，貴於牛羊」，河南洛水渾深適宜鯉魚生長，而河南伊水清淺則宜於魴魚生長，所以，要吃正宗的黃河鯉魚，只在洛陽附近。

吃黃河鯉魚，要當場將魚摔死下鍋。但因為黃河水質中泥土味很重，打上來的魚，一定要在清水裡養上兩三天，待其將土腥味吐盡才可食用。後來，杭州的「樓外樓」創製名菜「西湖醋魚」，也用這個法子，先養魚三天。黃河水激蕩雄渾，鯉魚的筋也特別堅韌，烹煮時非得名家好手，懂得抽筋的，先把大筋抽去，肉才鮮嫩好吃。否則，一條半人高的大鯉魚一定是皮厚肉硬無法下箸的。

洛陽、開封作為歷朝古都，養育了太多的皇帝，黃河鯉魚也因為帶著神話的色彩而頗受皇帝們的青睞。除了東漢的光武帝外，宋太祖趙匡胤也是黃河鯉魚的忠實粉絲，在他帶兵北伐攻打北漢時，他的大臣為了確保他能吃到新鮮的黃河鯉魚，用「大斛貯水養魚自隨」，有點美國總統出國訪問自帶一車礦泉水的味道了。

如果說趙匡胤吃到的鯉魚是勝利的味道，那麼，他的子孫，南宋的高宗皇帝趙構（嚴格說來應該是趙光義的子孫），吃到的則是略帶些苦澀的家鄉記憶了。

話說這位高宗皇帝偏安南方受著後世人的指責。但是，人非草木孰能無情，奈何無力回天，那種回不得故國家園的沉痛心情他也是有的，所以他心裡總是悶悶的。

有一天，宋高宗的龍舟在波光粼粼的西湖上閒蕩。那時候的禁衛還不像後來那麼森嚴，皇帝遊湖，小民也同樣可以泛舟湖上，大家兩不相犯，君民同樂。有一個叫宋五嫂的女廚子也駕了一葉扁舟，照常來湖上向遊客兜售她烹煮的魚羹。

這位宋五嫂本是東京汴梁的民間女廚，曾在汴梁城裡經營菜館，以擅長製作魚羹而聞名汴京，因為嫁給宋家一位排行老五的人，所以人稱宋五嫂。金兵南侵，宋五嫂也算頗有民族氣節，不願在異族鐵蹄下生活，跟著南遷隊伍來到了臨安。為了維持生計，她在西湖蘇堤旁駕一葉小舟，穿梭湖上叫賣魚羹。

這一天是淳熙六年（西元一一七九年）三月十五日，高宗皇帝已經退位當了太上皇，閒來無事命人買了魚鱉在湖中放生。來至錢塘門外，船泊蘇堤下，已經時近中午。在太上皇身邊服侍的老太監聽見有人以汴京口音在叫賣魚羹，老太監不免多瞧了幾眼，認出此人竟是當年在東京汴梁經營魚羹菜館的宋五嫂。也算是他鄉遇故知，老太監不禁悲從中來，偷偷拭淚。太上皇正好看到，便問老太監何事落淚。老太監具情相告，太上皇倒也想起了當年在汴京時曾經品嘗過名噪一時的魚羹，於是便命侍從去買來吃。

宋五嫂也不認得皇家的龍舟，只看到豪華舟艇上下來的人來買魚羹，估計是皇親國戚之類要人，於是就用心烹煮了魚羹，親自送到龍舟上。魚羹用料原本應該是黃河鯉魚，但南方的杭州已經吃不到正宗的黃河鯉魚，只好用西湖裡的鱖魚代替，但配以鮮紅的火腿絲、雪白的筍絲、金黃的蛋絲、碧綠的小蔥絲，那鮮美的滋味還是讓年老的太上皇想起了家鄉的味道。

快人快語的宋五嫂並不認得太上皇，見了太上皇也毫不畏懼，還充滿自豪地說：「奴家本是東京汴梁人氏，是隨著聖駕來到這裡的。」

太上皇趙構聞聽此言，與那位老太監一樣，心中也油然升起他鄉遇故知的情懷，不勝唏噓。他一面享用魚羹，一面與宋五嫂聊起家鄉的風物人情。一個皇帝、一個廚娘回憶東京往事，居然談得十分投機。

此刻的太上皇在倍感親切之餘，也略帶了些對歸不去的家園的一種苦澀記憶，品嘗了這道頗具北宋東京風味的魚羹後，所有的前塵往事湧上心頭，感慨萬千，同時也對這位銀絲蒼老的宋五嫂產生了愛屋及烏的同情，特別賞賜紋銀百兩給宋五嫂，資助她重新開店經營。

太上皇品嘗宋嫂魚羹的事不脛而走，很快傳遍杭州的大街小巷，人們爭相前來品嘗，宋五嫂便在錢塘門外正式設店營業，而她製作的魚羹也聲名鵲起。有人賦詩道：

一碗魚羹值幾何？舊京遺志動天顏。
時人倍價來爭市，半買君恩半買鮮。

宋五嫂就地取材，以西湖鱖魚代替黃河鯉魚入羹的變通之法，以及南料北烹的特點，再加上宋高宗的名人效應，使得這道宋嫂魚羹一舉成為杭州名菜，流傳了八百多年。今天若是去杭州旅遊，千萬不可錯過一飽口福的機會！因為黃河鯉魚路遙難得，所以，現在杭州的「宋嫂魚羹」都改用鱖魚或鱸魚作原料，但那宋室遺風、老家滋味總還是揮之不去的。

長壽和家鄉的記憶恐怕也只是同一種記憶，年輕的時候是無所謂家鄉的，四海為家心存天下，只是到了一定年紀，記憶便沉澱下來，當你經常想家時，你也就老了。諸葛先生為之潸然，年畫上那條大胖童子抱著的鯉魚，原來就是這麼伴我們中國人一生的。

吃貨寶典

燒鯉魚時，盡量不要讓油煙進入眼裡，對視力損傷很大，所以，廚師在烹煮鯉魚時，吃貨們請遠離庖廚。另外，鯉魚也不要跟雞蛋、雞肉同吃，對身體不好。燒鯉魚千萬不要放鹹菜，這兩者相剋，混雜在一起吃了會得消化道腫瘤。

〇十三 曹操的筵席上缺了什麼？

俞兒的一副牌翻到現在魚類居多，諸葛先生終於明白，吃貨們孜孜追求的這個「鮮」字為什麼要用「魚」當頭。這會兒場景一換，俞兒似乎把大家帶進了東漢末年的一場筵席，而她向諸葛先生眨一下眼，也搖身一變坐上了筵席的主位。諸葛先生偷看她案前的牌，卻見一人站在筵席當中，手持漁竿，面前放只銅盆，淩空釣來一條松江鱸魚。這是《三國演義》的故事：左慈擲杯戲曹操！怎麼闖到曹操的筵席上來了？諸葛先生趕緊腳底抹油溜了出去，他怕被人家誤認成諸葛亮給抓了去。

《三國演義》的書裡是這麼寫的：

> 少刻，庖人進魚膾。慈曰：「膾必松江鱸魚者方美。」操曰：「千里之隔，安能取之？」慈曰：「此亦何難取！」教把釣竿來，於堂下魚池中釣之。頃刻釣出數十尾大鱸魚，放在殿上。操曰：「吾池中原有此魚。」慈曰：「大王何相欺耶？天下鱸魚只兩腮，惟松江鱸魚有四腮：此可辨也。」眾官視之，果是四腮。慈曰：「烹松江鱸魚，須紫芽薑方可。」操曰：「汝亦能取之否？」慈曰：「易耳。」令取金盆一個，慈以衣覆之。須臾，得紫芽薑滿盆，進上操前。

這聽起來像是在表演魔術。而「天下鱸魚只兩腮，惟松江鱸魚有四腮」的說法倒是說明了松江鱸魚的與眾不同。其實，所謂的四腮，是因為松江鱸魚的兩個腮孔前的鰓蓋骨上，各有一個鰓狀的凹陷，特別是在繁殖季節呈現出橙紅色，無論是形狀還是色澤都與腮十分相似，所以就成了四腮。

鱸魚的肉質潔白似雪，肥嫩鮮美，少刺而無腥，營養價值也很高，今天的鱸魚做法一般都是整條清蒸，而在古代則更喜歡做魚片吃，也就是書裡所謂的「膾」。

而鱸魚的名氣大倒還不是因為曹操和左慈，更因為西晉時候一個叫張翰的人，和他那個著名的「蓴鱸之思」的佳話。

張翰是吳郡吳縣，也就是今天的江蘇蘇州人，曾在洛陽的齊王手下任大司馬東曹掾，相當於今天的辦公廳主任。當時，晉王朝內部爭權鬥爭空前激烈，張翰見齊王驕奢專橫又沉湎酒色，將來必定失敗，會禍及自己。那年，又見秋風乍起，特別思念故鄉的蓴菜羹和鱸魚膾，於是就感慨說：「人生重要的是快樂幸福，為什麼要跑到千里之外來追逐名利呢？」隨後，他就激流勇退，將辭職書一交，辭官歸里了。他歸隱不久後，長沙王發兵攻打齊王，齊王兵敗被斬首，而張翰終於得免於禍。人們說他有先見之明，所謂的「蓴鱸之思」，只不過是他抽身避禍的托詞罷了。後人便以「蓴鱸之思」作為思鄉之情、遁世歸隱的一個高雅的代名詞。

不過，蓴菜羹、鱸魚膾確實是江南秋天的美食佳餚。

蓴是一種水生宿根植物，屬睡蓮目。江南用蓴菜作羹古已有之，杭州西湖和蕭山湘湖的蓴菜尤負盛名。宋朝時，蓴已作為朝廷貢品蜚聲四海。採蓴的時節，一個個豆蔻少女趴在船頭，柔嫩的雙手採摘著柔嫩的新葉，比茶鄉姑娘採摘龍井茶更多了一份情韻，南宋著名詩人陸游就有「短艇湖中閒采蓴」的詩句。

蓴菜本身並無什麼味道，要用其他作料做的好湯配之，蓴菜入口柔嫩滑潤，清新宜人。今天，在著名的老字號杭州樓外樓，還能吃到正宗的西湖蓴菜羹，它是用火腿絲、雞脯絲及上好高湯烹煮的，那真是滑潤柔爽、鮮美中透出清香。而因為張翰的故事，點蓴菜羹時也必定要點一條鱸魚，這兩者配套起來，才算完成「蓴鱸之思」。至於曹操的筵席上，那時候恐怕還沒有流行蓴羹，所以，終歸是少了一道江南的風味。

鱸魚在隋朝時因為一道「金齏玉膾」的名菜又火了一把。齏，是古代把細切的醃菜、醬菜在臼中用杵搗碎，再加調料拌和而成的一種菜肴。「金齏玉膾」的名字是隋煬帝楊廣取的，它是用鱸魚為主料，並配以其他金黃色的蔬果作齏而製成的。據說，要專門選八九月下霜時捕撈的松江鱸魚，先切成薄片，用調料浸醃，取出用乾布裹著把水分濾盡，然後散放在盤中，再將香柔花葉切得很細，與鱸魚膾拌勻即成。也有人說，不是用香柔花葉，而是要用金黃色的橙子作輔料，反正顏色必須是金黃，否則襯不出鱸魚肉的雪白如玉，也不叫金齏了。

吃貨寶典

宰殺鱸魚時，內臟不能像其他魚那樣用刀剖其腹取出丟棄，須用竹筷子從魚口插入腹中取出，洗淨後，再放回魚腹一同烹飪，如此處理，可以不損其鮮味。但是鱸魚的肝臟不能吃，否則會使人的臉上脫皮。

○十四 碳燒豬頸肉居然是皇家禁臠？

諸葛先生去過東南亞，在泰國餐廳裡吃過一盤碳燒豬頸肉，感覺不錯，後來每回必點，好在東南亞的餐廳裡這道菜也是到處都有，稀鬆平常得很。而這回，一個東南亞扮相的客人居然把碳燒豬頸肉說成是皇家禁臠，先生大吃一驚，倒要聽聽他牌中的故事。

中國人吃豬肉是最稀鬆平常的事了，浙江餘姚河姆渡的新石器文化遺址上就出土了陶豬，可見對豬的馴化從原始社會後期就已經開始。但是，說實話，中國人的祖先其實也是先吃牛、羊肉的，從西北地方遷到黃河流域後，受地理環境的限制，沒有廣大的牧場，只好養豬，於是，中國人便多數習慣吃豬肉了。《禮記》上說：「諸侯無故不殺牛，大夫無故不殺羊，士無故不殺犬豕。」可見，牛羊的等級還是比豬高。不過，豬比較容易養，也比較易得，所以，豬肉在周朝時已經成為平民化、大眾化的肉食品。

中國人吃豬吃了兩千多年，也吃出經驗來。比如烹煮豬肉最怕久煮不爛，蘇東坡的祕方是少放水、用文火長時間燉；而元人賈銘在《飲食須知》裡提供了另外的方法，那就是放山楂數顆，據說豬肉就容易燉爛。豬肉帶有一些細毛，比較難拔乾淨，傳統的說法是夏季吃楊梅時連楊梅核吞服三粒，就能將肚子裡殘存的豬毛排泄出來。豬的渾身都是寶，每個部位都可以吃，有人喜歡吃豬頭，但豬頭好吃卻難洗。《閒居雜錄》上有一個祕方，說是「割耳尖蘸皂白沫洗之，自淨」，把豬耳朵的尖頭上割下一塊，蘸上肥皂沫，就很容易洗乾淨了；還有人喜歡吃豬腸，但豬腸有股腥臭味，用鹽洗當然是一種辦法，還有一個辦法是用幾顆荸薺一起下鍋同炒，起鍋時再淋些白酒，脆美有味絕無腥臭。

中國人吃豬肉雖然吃了兩千多年，但古代和現在還是有很大的不同。在古代的中國，豬肉是以肥腴為美，所以古人老早就發明了閹割法，把公豬閹成「太監豬」，這樣自然就長得白白胖胖了。不過，現代人喜歡吃精肉，大部分公豬也終於可以免掉了這樣的淩辱。今天的人吃豬肉以豬腿、里肌肉為貴，但古人卻是以非常肥膩的「項臠」，也就是今天所謂的「糟頭肉」為最珍貴。《晉書》上說，晉元帝最喜歡吃糟頭肉，大家吃豬時不敢跟他搶吃這塊糟頭肉，把這塊糟頭肉稱為「禁臠」，這也是今天「禁臠」這個詞的由來。禁，當然是禁止；臠，是切成小塊的肉。今天我們說某樣東西或某個人是別人碰不得的，就說「視為禁臠」。

晉元帝的「禁臠」恐怕今天是沒有多少人有興趣跟他去爭了。但東南亞的碳燒肉用的卻還是那塊禁臠。碳燒豬頸肉用的就是豬頸到豬胸之間的那塊糟頭肉，不過，用碳燒的方法，油脂已去掉大半，吃到口裡肥而不膩，酥軟即化。

其實，今天的碳燒豬頸肉大多也不是用炭火烤了，而是改用電烤。不過，改用電烤後，豬頸肉的醃漬時間一定要長，用炭烤醃半小時，用電烤非得醃四、五個小時不可，否則不入味。泰國的碳燒豬頸肉之所以好吃，還是因為大多仍然沿用傳統的炭火作業。

今天在吃碳燒豬頸肉的時候想一想，這可是當年皇帝的禁臠，是不是特別自豪？

而在從前的廣東，豬肉還有一層特別的意思。新人婚禮後，新娘回門，男方家要送燒豬肉給女方家，有錢的人家甚至要送數十頭，這裡面有一個特殊的寓意：表示對新婦的認可和滿意；如果不送豬肉，或者豬耳朵被割掉了，那就表示新婦初夜未曾落紅——新娘子已經不是處女了！這在從前對女方是大損顏面的事，常常有因此發生退婚、新娘自殺的事情。

近代的劉萬章在《廣州的舊婚俗》一書裡寫道：「燒豬在廣州差不多是普遍名詞，女子的貞與否，全視有沒有燒豬吃，沒有燒豬的，還要打起官司來，是一件很難過的事。」好在今天的廣東人也不再拘泥於傳統，新娘也不再成為新郎的禁臠了。一對新夫妻，兩部舊機器，大家隨意、隨意。

吃貨寶典

燒豬肉不要貪方便，二次作業總是不錯：先用大火煮出血沫後，撈起洗淨再放涼，然後用少量的水加文火燉煮，味道一定不錯。

○十五 既換富貴又救人命的羊羹

說了那麼多魚，也該說說羊了。畢竟沒有羊，光有魚，也不成鮮呀！身體好的男人大凡都是「肉食動物」，諸葛先生早就看到旁邊一位客人手裡攥著一張肥羊的牌子，只是牌子上卻寫著「未羹」兩個字。這又是怎麼一回事呢？

羹是古代最常見的菜肴做法，「羹食自諸侯以下以至庶人，無等。」《禮記》上說羹是大眾菜肴，上至諸侯下至百姓，大家日常都要吃的。不過，現代菜肴中的羹一般只是比湯略稠一些，而古代的羹則要比現代濃稠得多。羊羹是古代的一種名羹，春秋戰國時期，曾被列入公卿大夫宴會上的佳品。因為羊在十二地支中稱「未」，所以，歷史上「羊羹」又稱「未羹」，這跟屬虎的人多取名叫「寅」是同一個道理。

李白在《將進酒》裡說「烹牛宰羊且為樂，會須一飲三百杯」，可見，至少在唐朝之前，牛羊肉還是我們主要的肉類。即使到了宋朝，兩宋的皇宮裡也只吃羊肉，當時甚至有一道明文規定：「御廚止用羊肉」。至於豬肉，儘管受蘇東坡的追捧，但其實是只有窮人吃的。

據說當年宋太祖宴請納土歸宋的吳越國主錢弘俶。東道主待客心誠，想叫御廚做幾道南方的菜肴招待一下貴賓，可是御廚卻像小品裡的「小瀋陽」一樣：「這個沒有，那個沒有，這個真沒有！」因為宮裡除了羊肉，再沒有其他的肉料。饒是這樣，宋太祖也沒有改變規矩，像趙本山那樣允許豬肉「可以有」。於是，兩宋的皇宮裡一直就只吃羊肉。這樣倒也好，後來徽宗、欽宗被金兵捉了去，至少不會口味不適。

北宋的時候，以陝西馮翊縣出產的羊肉最為著名，時稱「膏嫩第一」。宋真宗時，「御廚歲費羊數萬口」，都是從陝西進的貨；到了宋仁宗、英宗的時候，朝廷甚至要從國外進口羊肉，「河北榷場買契丹羊數萬」；到了宋神宗時，御廚的帳本上更是嚇人，一年中吃掉了「羊肉四十三萬四千四百六十三斤四兩」。

皇宮以食羊為尚，羊肉在民間也就受到追捧，羊肉的價錢自然水漲船高，一般貧寒士庶只有在逢年過節或宴請重要賓客的時候才能買點羊肉打打牙祭。有一個叫韓宗儒的寒士，生活拮据可嘴巴卻特別饞，喜歡吃羊肉卻又買不起，於是想了一個辦法：他跟蘇東坡認識，但又不大好意思直接向蘇東坡要字畫，於是就經常給蘇東坡寫信：

「東坡先生好：我這裡天氣很好，你那邊怎麼樣？」

「東坡先生如晤：你知不知道王安石的王怎麼寫呀？」

「東坡先生，你媽貴姓呀？」

總之，他就這樣騙了許多封蘇東坡的親筆回信，然後拿去換羊肉吃。蘇東坡的一封信，也只能換十幾斤的羊肉。後來，這件事被黃庭堅知道了，於是就拿來取笑蘇東坡，稱他的書信是「換羊書」。

韓宗儒可以拿著蘇東坡的信去換羊肉吃，蘇東坡本人卻在黃州吃豬肉，世界真是諷刺。

有人用書信換羊肉吃，更有人因羊肉換了一條命。

南北朝時，有個叫毛修之的人，原本是南朝宋劉裕手下的大臣，結果被北朝的大夏王赫連勃勃俘虜了。赫連大王殺人不眨眼，一般的俘虜統統一刀解決，輪到毛修之時，他說：「不要殺我，我會做羊羹。」

牛羊肉本是北朝人的日常肉類，但就是這種用料不算高貴的羹，不同技術水準的廚師烹煮出來的味道卻是大不相同。製羊羹需要較高的烹調技術和敏銳的辨味能力，調味和火候要搭配好，既要起到滅腥、去臊、除膻的作用，又不能使羊肉過硬或太爛，還要能保持本味。所謂「食不厭精，膾不厭細」，北朝的烹煮手段哪有南朝發達。赫連大王吃了毛修之做的一碗羊羹，果然開胃，於是就留了他一條性命，把他當御廚似的養在了大夏的首都統萬城裡。

赫連大王沒吃上幾碗羊羹，「飯碗」就被人家打破了。北魏的拓跋皇帝攻進統萬城，滅了大夏國。毛修之又成了俘虜，被帶到了洛陽。毛修之現在聰明了，咱有手藝咱不怕，故伎重演，先替北魏的一名尚書做了一碗羊羹，搞得人家直歎「此羹只合天上有，人間難得幾回嘗」。吃了美食的尚書連忙報告皇帝拓跋燾，拓跋皇帝又讓毛修之下了一趟廚，「美味，美味！真是人間至味！老子從來沒有吃過那麼好吃的羊羹！」拓跋燾一高興，不但優待俘虜，還讓毛修之做了「太官令」。然後，毛修之一邊做官，一邊拚命給皇帝做羊羹，羊羹愈吃愈上癮，他的官也愈做愈大，很快在政壇裡排行第二，地位僅在北魏第一能臣崔浩之下。

這位毛先生恐怕是繼傳說中的伊尹之後，透過高超的廚藝，勵志成功的一個典範！而他做羊羹的訣竅在哪裡呢？宋代林洪在《山家清供》一書裡披露：「羊作臠，置砂鍋內，除蔥椒外有一祕法，只用搥真杏仁數枚，活水煮之，至骨就靡爛。」祕訣就是加了杏仁！

毛修之用羊羹換了性命，換來了榮華富貴，而在這之前的故事都是因為羊羹而差點丟掉性命或亡了國。春秋的時候，宋國與鄭國交戰，宋國的大司馬華元殺羊烹羹，慰勞將士，獨獨漏掉了為他駕車的車夫。車夫非常不爽，等到兩軍交鋒之際，車夫對華元說：「剛才分羊羹，你作主，我沒話說；現在的事情我作主了。」說著，直接驅車直奔鄭軍陣地，把華元當俘虜送給了人家，結果，當然是宋國大敗慘不忍睹。

另外一個故事發生在中山國，中山國國君有次命廚子做羊羹遍賞大臣，卻也獨獨漏掉了大將司馬子期，司馬子期當然也不爽，叛國投敵去了楚國，並且一再慫恿楚王發兵攻打中山國。結果，楚軍勢如破竹，中山因此而亡國。中山君很懊悔，發出了「吾以一杯羊羹亡國」的浩歎，只可惜已經於事無補。

羊羹這個東西源遠流長，在明朝崇禎年間再度盛行，後來成為西安夏季的一種應時食品。羊肉原本屬於秋冬季節的溫補食材，但「羊羹」在農曆六月上市，並且裡面放了大量的辣椒粉，西安人吃得汗流浹背，反而認為這樣可以袪暑，故稱「六月鮮」。庚子事變那年，慈禧太后被洋人逼得逃到了西安，也嘗了一回西安羊羹，老佛爺品嘗後賜命「美而美」，所以你現在到西安去，看到「美而美」的招牌，就可以走進去吃羊羹了。至於羊羹與烙饃的結合，那就是西安獨一無二的平民美食：羊肉泡饃。古城樓裡的老孫家羊肉泡饃名氣最響亮，到了西安不可不去嘗一下。

吃貨寶典

吃羊肉不要蘸醋，對心臟不好；羊血也不可以多吃，刺激鼻毛生長，鼻孔裡雜草叢生，女生看了會離你遠遠的。

金齏玉膾：隋唐五代兩宋食史簡說

「金齏玉膾」是隋煬帝楊廣取的，他是一位想像力豐富、也頗有藝術細胞的皇帝。所謂齏，是把細切的醃菜、醬菜用杵搗碎，再加調料拌和。金齏玉膾，據後人考證，其實也就是以齏的手法烹煮的鱸魚膾。能把一道鱸魚膾取這麼好聽的名字，說明這個時期的飲食文化有了長足的進步。隋唐時期，國家統一強盛，生產力大大提高，飲食文化也得到了全面發展。

這個時期，稻米已經成為中國人的主食，菌菇類食品也開始有了人工栽培。木炭已經普遍使用，烹飪所需的火力得到了提升。大家讀過白居易的《賣炭翁》，說明燒炭已經成為一種職業，而木炭作為燃料，特別適宜於較長時間燜、燉和烙烤食物。有了木炭這種燃料，也就可以講究火候，唐段成式的《酉陽雜俎》中說：「物無不堪食，惟在火候，善均五味。」說明這個時期的烹飪有了火候的技藝。於是，從南北朝開始出現的「炒菜」技藝，在這個時期也得到了普及。

用「炒」來烹飪菜肴，可以縮短加工時間，減少燃料消耗，菜肴的營養成份也較少流失。「炒菜」的普及使得各種美味佳餚橫空出世，完成了中國烹飪史上的一次飛躍，也奠定了中國菜與法國菜、土耳其菜並稱世界三大菜系的地位。與此同時，從「胡床」演變為椅子，唐代有了高足的桌、椅、几、凳，大家也都有了座位，不用再擔心踞坐著身體吃不消，也改變了原先一人一案的分餐制，開創了中國式「圓臺面」

的局面。

盛世排盛宴，唐初盛行一種叫「燒尾宴」的宴席。所謂燒尾宴，倒不是今天的年終打牙祭吃尾牙，而是泛指新官上任時的宴席、大臣進獻皇帝的筵宴和新官宴請同僚的聚餐。《清異錄》上記載了韋巨源官拜尚書左僕射，進爵相位時在家中宴請唐中宗李顯所留下的一份不完全食單，共列菜名五十八種，用料之考究、製作之精細，已經令人歎為觀止。燒尾宴上已經開始普遍流行工藝菜，當時稱為「看菜」，即主要用作裝飾和觀賞的，這份菜單上的看菜就有七十件，可見其奢華的程度。

唐人是習慣這種奢華生活的，李白詩句裡的「金樽清酒斗十千，玉盤珍羞直萬錢」，誇的就是這種奢華，杜甫的「朱門酒肉臭，路有凍死骨」批的也是這種奢華。到了唐玄宗開元年間，玄宗皇帝一開始勵精圖治，下詔禁止這種奢華的「燒尾宴」，風靡大唐二十年的「燒尾宴」才被徹底取消。

到了宋朝，商業高度發達，酒樓飯館林立，成為城市繁榮的一個象徵。《清明上河圖》上展現的店鋪，數量最多的就是飲食店和酒樓，畫面上熙熙攘攘的人群圍站食攤、出入酒樓，餐飲從業人員則殷勤忙碌地招待客人，形象逼真。中國史專家，日本的加藤繁博士寫於上世紀三〇年代的論文《宋代都市的發展》中，就專門闢出一節講「酒樓」，據他考證，宋代城市的酒樓都是面朝大街、建築宏大的重重高樓，這些情形都是宋代才開始出現的。

而隨著宋室南渡，許多烹飪高手也跟隨朝廷來到南方，南北廚藝得到一次空前的交流和融合。《夢粱錄》（注）上記載，南宋臨安各大飯店的菜單上開列的菜肴竟有三百三十五種之多！這個菜單還不包括熊掌、象鼻之類的高檔菜肴，可見八百年前的杭州已經是處在烹飪業的巔峰。

宋代開始有了夜市，也就有了「夜生活」的概念。以飲食業為主體的兩宋夜市熱鬧非凡，有串街的小販販賣著各類小吃，還有裝著茶湯的車擔提供流動服務，方便那些走累走餓、唇乾舌燥的市民呷一口香茶、吃一碗點心，提提精神，繼續去趕夜場。宋朝的餐飲業還出現了「外賣」服務，當時送餐的器皿餐具比今天的一次性餐具高檔不知多少倍：全部都是銀器！你先用著，下次來收，大家信用交易，誠信買賣。

宋朝還出現了承辦筵席的「四司六局」，專門幫人一條龍服務，從租賃器具、供應酒菜，到下請柬、安排座次、桌前執事，都有專人負責。餐飲服務業進一步專業化，市面上的餐飲活動也進一步普及化、市民化。

唐宋時期的宴飲十分講究環境，比如唐代新科進士們的宴會要放在曲江池畔；比如北宋汴梁的高檔酒樓「樊樓」蓋得比皇宮還高，不少酒樓飯店也都建於湖光山色之中，取園林式建築，有竹徑、回廊，也有獨立的包廂雅座，稱為酒閣子。《水滸傳》裡寫宋江、柴進喬裝改扮進京扮作閒官上樊樓，「尋個閣子坐下」，就是這種小包廂。這種追求環境與氛圍的飲食文化，也深刻地影響了後世中國人的審美情趣。

注——宋代吳自牧所著，介紹南宋都城臨安城市風貌的著作。

〇十六 新科進士的光明蝦

唐朝時，有一種筵席讓每個人都心生嚮往，那就是為新科進士舉辦的「曲江宴」。

唐朝的進士是很難考的，據資料顯示，每年到長安城應試的舉子有兩、三千人之多，而進士及第的只有區區三、四十人，當時流傳「五十少進士」的說法，意思是五十歲中進士還算是年輕的，這樣的科場競爭不可不謂激烈。而且唐代的科舉制度要求舉子們在參加禮部的考試前，還要將平日所作的詩文投獻給主司官及權臣名宿以作為參考，謂之「省卷」、「行卷」。這樣，就使得廣大莘莘學子十年寒窗浸淫科目，殫精竭慮為搏一第之外，還得到處奔走投托，求人品評，鑽營援引，科場內、科場外都要用功，功夫還在詩外，對舉子們來說，肉體和精神上的壓力可想而知。

很多外地的學子平時在家長和塾師的高壓監督下，兩耳不聞窗外事，一心唯讀聖賢書，過著類似苦行僧的日子，一旦金榜題名，立刻成了萬人仰慕的社會菁英，「人生得意須盡歡」，當捷報飛至，「漫卷詩書喜欲狂」。於是，緊繃的神經一下子鬆懈下來，各種平時積壓的渴望噴湧而出，正所謂「春風得意馬蹄疾，一日看盡長安花」，當然要好好慶祝一番了。

曲江宴就是新科及第的進士們在放榜之後舉辦的一次集體狂歡派對。因為派對的場地設在長安著名的曲江亭子，所以稱為「曲江宴」。

如果按佛洛依德心理學的解釋，這場宴會本身就帶有濃厚的性暗示，因為在宴會的準備事項中，有一個重要的活動叫「探花」，就是事先選派兩名同科進士中的俊美少年，讓他們騎馬遍遊曲江附近和長安各處的名園，去採摘來各種名花。這兩位美少年就叫兩街探花使，也叫探花郎，而曲江宴也因此被稱為「探花宴」。後世科舉，將第一甲前三名分別稱為「狀元」、「榜眼」、「探花」，其中「探花」的來源即源於此。

探花只是一種優雅的象徵，事實上，物色邀請才藝雙絕的名妓參加宴會的選美工作也在進行中。長安的青樓妓女也以參加這樣的盛宴為榮，無不使出渾身解數以期獲得一張探花宴的入場券。詩人韓偓於昭宗龍紀元年（西元八八九年）中進士當了「探花郎」，與他相好的妓女便「以繚綾手帛寄賀」，潛臺詞當然是別忘了邀請我。韓偓收到禮物後寫了一首七律，中有「解寄繚綾小字封，探花筵上映春叢。黛眉印在微微綠，檀口消來薄薄紅」之句，得意之情，溢於言表。

在這個狂歡派對上，有樂人演奏，有妓女侑觴，歌舞昇平，通宵達旦。由於每次狂歡場面太過盛大，甚至還出現了專門籌辦派對的民間仲介機構——進士團，類似今天承辦各種慶典活動的公關公司——四處網羅水陸珍品，烹煮佳餚美食，物色才藝雙全的歌妓舞女，結果引得皇帝也按捺不住，親自駕臨參觀。一時間，萬人空巷，長安百姓都趕來一睹新科進士們的丰采，文獻上的記載說是「長安幾於半空」！而公卿貴族之家也特意在這一天為自己的女兒物色東床快婿，甚至出現了專門的婚姻介紹所，而那些高富帥的新科進士們也趁機抬高身價，待價而沽，弄得台諫官員實在看不下去了，專門上書皇帝，要求制止這種不正之風。

曲江宴當然是極盡奢華的，所謂「金樽清酒斗十千，玉盤珍羞直萬錢」，李白的詩裡是這麼寫的，儘管李白沒資格參加曲江宴，因為他沒中過進士。

而曲江宴裡有兩道菜目讓人津津樂道，一道叫「光明蝦炙」，就是把活蝦放在火上炙烤，並保持蝦的光澤透明度，足見其燒烤技術之高超。今天的宴席上也多炭炙烤蝦，鐵板上鋪一層雪白的精鹽，上面是烤得紅亮透明的大蝦，端出來讓人食欲大增。今天的人當然不會聯想到這是當年新科進士的待遇了，而透明的蝦被烤成紅亮，是否也寓意著新科進士們脫去布衣換紅袍的意思呢？所以它要叫「光明蝦」，預示著前程光明。這麼一比較，今天這個「鐵板蝦」的名字實在是太過一般了。

「光明蝦炙」這道菜是進士們自己預備的，凡擺曲江宴都得上這道菜，也算是討個彩頭，而另一道菜其實是一份點心，是皇帝賞賜的，叫「紅綾餅餤」。

唐朝的僖宗、昭宗皇帝曾賜給新科進士每人一枚「紅綾餅餤」，從此，這個食品就成了後來歷朝進士宴的首選賜食。自打有了「紅綾餅餤」之後，人人以能食之為榮。其實，「紅綾餅餤」就是用紅綾包裹著一份豬油麵粉烙餅，有人考證說，這可能就是唐朝的月餅，是今天月餅的老祖宗了。

〇十七 武則天的止咳良方：蟲草燉老鴨

諸葛先生有一年偶感風寒，咳嗽不止，冰糖蒸鴨梨吃了不少，總不見好，想起藏地友人贈送的幾株蟲草，拿來燉了一鍋老鴨，第二天咳嗽立馬消失。哎，這蟲草價格連年翻，它好在什麼地方，先生也未知其詳，但對於咳嗽的治療作用絕對數一數二！

這個發現並不是諸葛先生的專利，而是武則天。武則天喜歡吃鴨子，歷史上最喜歡吃鴨子的名人當推武則天和袁世凱。袁世凱的故事後面再說，這會兒只說武則天。

話說武則天老了，體衰多病，也是咳嗽不止，甚至沒有胃口，不思飲食。皇宮內的御廚想到用冬蟲夏草給她滋補身體，原本是想給她煲心靈雞湯的，但考慮到她老人家虛不受補，所以還是改用了更加性溫的鴨子。本來是一片好心，可那個時候，蟲草還不普及，蟲草的宣傳還沒有像今天電視裡那樣鋪天蓋地，所以，這道菜端上御膳桌，武則天看到湯裡有黑乎乎、似蟲非蟲的東西，猜忌心極強的她立即認定御廚要謀害她。可憐這位御廚還沒來得及喊冤，就被打入大獄交給周興、來俊臣們去處理了。

第二位御廚當然不敢再這麼來，但如果武則天繼續食欲不振也是御廚的罪，所以，這位御廚想來想去還得用冬蟲夏草。

那麼，冬蟲夏草究竟是什麼東西呢？為什麼久病體虛、食欲不振、咳嗽不止非得用上它呢？

冬蟲夏草其實是一種真菌，是一種特殊的蟲和真菌共生的生物體，所以又叫蟲又叫草。冬蟲夏草是高級滋補名貴中藥材，保肺益腎，止血化痰，如同民間重視的補品燕窩一樣。冬蟲夏草被廣泛認同是在清朝以後的事，武則天那會兒的御廚絕對屬於「吃螃蟹」的。

後來的那位御廚吸取了前人的教訓，想出了一個兩全其美的辦法，他將幾枚蟲草塞進鴨子的嘴裡，待將藥物隱藏得嚴嚴實實之後，才放進鍋裡去燉製。

有了蟲草的作用，鴨子的味道特別鮮美，這一回武則天吃得胃口大開，於是隔三岔五地就讓御廚再給她燉老鴨。御廚也如法炮製，反正宮裡蟲草多得是，不用像我們今天那般做假。武則天吃了幾次蟲草燉老鴨後，果然咳嗽也好了，身體也恢復得很快，後經詢問，才知道是蟲草配合老鴨的功效，於是就重賞了後來那位御廚。至於前面那位御廚有沒有平反昭雪，就不得而知了，「長江後浪推前浪，前浪死在沙灘上」，也許就死在大獄裡了。

吃貨寶典

冬蟲夏草這麼貴，市場上多有以假冒真、以次充好的，有的蟲草買回來，甚至發現裡面是用牙籤串起來的，今天在這裡教各位一個鑒別辦法：正品的冬蟲夏草分成「蟲」和「草」兩部分，「蟲」體表面呈深黃到淺黃棕色，「草」的部分則呈現枯樹枝的顏色，色澤較深。冬蟲夏草腹面有足八對，位於蟲體中部的四對非常明顯。蟲草掰開後有明顯的紋路，中間有一個「V」形的黑芯，有些也可能是一個黑點。這黑芯其實就是蟲的消化線。正品的冬蟲夏草稍帶有乾燥腐爛蟲體的腥臊味和摻雜有草菇的香氣，這是冬蟲夏草特有的味道。

〇十八 相信你個蘿蔔

杭州人有句老話「相信你個蘿蔔」，意思就是不相信！

杭州話在語言學上稱為「南宋官話」。宋室南遷，大量的河南人跟著跑到了杭州，所以，杭州話應該是從河南話演變來的，而與周邊的浙江各地方言截然不同。這麼一說，「蘿蔔」就有出處了。

武則天的時候，有一年秋天，河南洛陽的東關外一畝地裡長出一個特大的蘿蔔，足足有三尺長，上青下白。這麼大的蘿蔔哪裡見過呀？這不是天降祥瑞又是什麼呢？洛陽的地方官趕緊拍馬屁，來哄女皇開心，將大蘿蔔當作吉祥物敬獻給了偉大的女皇。除了女皇，別人誰配享用呀？這可是邀功請賞的天賜良機。

武則天收到這個大禮物也很高興，龍顏大悅，重賞了獻寶者，然後吩咐御廚拿去做菜，要嘗一嘗「祥瑞」的味道。

蘿蔔總是蘿蔔，要想做出別的味道來還真不容易；但如果只是蘿蔔的味道，哪還叫什麼「祥瑞」呢？壞了女皇的興致，女皇一翻臉，可不是鬧著玩的。

葛優年輕時演過一部電視劇，叫《編輯部的故事》，其中有一集叫〈水淹七軍〉。這〈水淹七軍〉可不是三國志關羽的故事，而是講有一年北京郊區蘿蔔豐收，大家吃都吃不完，天天吃蘿蔔，總想吃出個新味道來，葛優飾演的李東寶等人組成難題攻關小組，最後做出了「水淹七軍」這麼一道菜。

當時，武則天的御廚們也是這個情況，大家絞盡腦汁，科研攻關，總要把蘿蔔做出不是蘿蔔的味道來。經過群策群力，御廚們將大蘿蔔進行多道工序加工，摻入各種各樣的山珍海味，最後烹煮成了一道羹湯。

武則天一嘗，果然香美爽口，居然吃出了燕窩的味道，她十分滿意，覺得這天賜的蘿蔔畢竟不是等閒之物，如此，當然也不能再叫它蘿蔔羹了，於是女皇親自賜名「假燕菜」。

其實蘿蔔終究是蘿蔔，所謂的「假燕菜」也只不過是做法考究而已，大家雖然吃不到這個天賜祥瑞大蘿蔔，但用其他蘿蔔也一樣可以做出「假燕菜」來。於是，上行下效，這個以假亂真的「燕菜」很快成了洛陽一帶時髦的流行菜品。但吃的人是心知肚明的，其實就是個蘿蔔，所以，就誕生了「相信你個蘿蔔」的說法。

話說這道「假燕菜」經過不斷的改良，工藝也愈來愈精湛，廚師們為了追求美觀，乾脆將蘿蔔雕成了洛陽牡丹的造型，於是，後世流傳的洛陽水席中的頭道菜「牡丹燕菜」就這麼誕生了。

諸葛先生看到亮在桌面上的那張牌，一朵豔麗的牡丹花浮在湯麵之上，仿佛成了出水芙蓉，倒跟出水芙蓉也有得一拼。誰能想到這麼漂亮的牡丹，竟是出於一根蘿蔔，真是妙極！

至於說到「洛陽水席」，那可是跟洛陽牡丹、龍門石窟、洛陽唐三彩一樣出名的洛陽地方特色。所謂的「水席」有兩層意思：一是全部熱菜皆有湯，湯湯水水，清汁少油，清淡爽口，也符合現代營養理論；二是熱菜吃完一道，撤後再上一道，一共有二十四道菜，像流水一樣不斷地更新。據說，武則天臨死之前，吃的最後一頓飯就是「洛陽水席」，這個時候已經胃口不開，湯湯水水，倒符合老年人口味。而這「水席」以「牡丹燕菜」打頭陣，最後一道卻是「蛋花湯滾丸子」，武則天吃完也就「玩完」、「滾蛋」了。

吃貨寶典

蘿蔔是蔬菜裡身價最賤，然而卻最有營養的東西。撰寫《本草綱目》的明代醫學家李時珍對蘿蔔推崇備至，要求大家每餐必食，民間也有「蘿蔔進城，醫生關門」的說法，意思是天天吃蘿蔔，就不易生病，不用看醫生。所以，蘿蔔還得相信。

〇十九 葡萄美酒貴妃雞

海島冰輪初轉騰
見玉兔 玉兔又早東升
那冰輪離海島
乾坤分外明
皓月當空
恰便似嫦娥離月宮

這不是梅蘭芳的《貴妃醉酒》嗎！諸葛先生聽那唱段再看那牌上的圖案，正是梅博士的經典造型，莫非俞兒今天要講一段楊貴妃的故事？

楊貴妃是中國著名的四大美女之一，她長得豐腴性感，充分體現了唐朝崇尚的雍容華貴之美，且曉音律、善舞蹈，所以，唐玄宗對她異常寵愛，所謂「承歡侍宴無閒暇，春從春遊夜專夜。後宮佳麗三千人，三千寵愛在一身。」這些當然已是人盡皆知，俞兒卻要賣個關子，問大家：「楊貴妃平生最喜歡吃哪兩樣東西？」

一個是荔枝。「一騎紅塵妃子笑，無人知是荔枝來。」諸葛先生當然知道這個典故。荔枝生於嶺南，距離長安千里之遙，為了能讓楊貴妃吃到色香味俱佳的新鮮荔枝，驛馬快遞以八百里加急的速度日夜傳送。楊貴妃看到從南方來的快馬揚起的飛塵，就知道是快遞小哥送她愛吃的荔枝上門了，喜形於色等著簽收，跟今天見到美食外送小哥的你一模一樣。

至於第二樣東西，諸葛先生倒真想不出。俞兒說，這故事得接著「貴妃醉酒」往下說。

話說某年某月的某一天，唐玄宗讓人傳話給楊貴妃，讓她次日在百花亭擺宴，一起品酒賞花。第二天，楊貴妃興沖沖地在百花亭擺下了盛宴，就等玄宗皇帝前來。沒想到，唐玄宗卻把這場約會給忘了。忘了也就忘了，如果是忙工作，事業為重，女孩子倒也要原諒。問題是皇帝不是忙軍國大事，而是去了另一個妃子那裡。這就讓楊貴妃大吃其醋，於是懷春醉酒，弄得高力士等幾個太監好不尷尬。唐玄宗後來想起了約會，連忙再趕到百花亭前，賠禮道歉，添酒回燈重開宴。楊貴妃已經喝得很有些醉意了，唐玄宗問她還要什麼菜，她就撒嬌說：「我要飛上天。」皇帝立命太監傳令御廚做一道「飛上天」的菜獻上來。

御廚們可從來沒聽說過「飛上天」這麼個菜名，這可怎麼做呀！正急得團團轉，還好傳令的小太監伺候貴妃，知道她喜歡吃的第二種東西就是嫩雞與雞翅。雞翅當然就含有飛天的意思了，所以御廚馬上找來幾隻童子雞，取下雞翅，還加入西域進貢的葡萄美酒，使雞翅變得更加鮮嫩。這道「飛上天」送到百花亭中，楊貴妃為醉人的醇香所吸引，不禁又酌飲數杯，以致兩頰緋紅，醉臥百花叢中，留下了「貴妃醉酒」的美麗傳說。

後來，梅蘭芳先生精心演繹，將《貴妃醉酒》一曲劇碼流傳至今，成為京劇中知名度最高的一齣。而這種以葡萄酒烹煮成的雞肴，也被命名為「貴妃雞」，成了後世宴席上的一道美味佳餚。但這道菜不在長安流行卻在蘇州流傳，為什麼呢？說來也簡單，御廚是蘇州人啊！大唐安史之亂後，四海飄零，像李龜年這樣的宮廷樂師都流落江南，「正是江南好風景，落花時節又逢君」，那位蘇州御廚當然也回到了蘇州，將這道「貴妃雞」在家鄉弘揚開來。

吃了「貴妃雞」，當然也關心起楊貴妃的身世與下落。前陣子，陳凱歌導演的電影《妖貓傳》，借白樂天的視角道出了楊貴妃的另類死因，其實，有關楊貴妃的死因和下落歷來有不同的說法。

說楊貴妃死於馬嵬坡的當然是史料記載中最正宗的說法，但具體的死因又有三種：一說是縊死在梨花樹下，依據是白居易的《長恨歌》：「六軍不發無奈何，宛轉蛾眉馬前死。花鈿委地無人收，翠翹金雀玉搔頭。……梨花一枝春帶雨」；一說是死於亂軍槍下，依據同樣是兩首唐詩：一是李益的《過馬嵬》：「托君休洗蓮花血」、「太真血染馬蹄盡」；二是杜牧的《華清宮三十韻》：「喧呼馬嵬血，零落羽林槍」。暗示她是死於羽林軍槍下；另一說是吞金而死，唐代詩人劉禹錫《馬嵬行》記載：「貴人飲金屑」、「平生服杏丹，顏色真如故」。反正，中國的政治歷來不透明，所以，美人兒到底是怎麼死的，也就無從考證。

說楊貴妃其實沒有死於馬嵬坡，那就牽涉到她的下落之謎了。這裡面又有三種不同的說法。一說是，用調包計東渡去了日本。日本學者渡邊龍策在他的著作《楊貴妃復活祕史》（楊貴妃後伝）中說：日本遣唐使藤原制雄將其帶上船偷渡日本；日本有楊貴妃墓；日本影星山口百惠也自稱是楊貴妃的後代。另一種說法是，楊貴妃逃去了美洲，這是臺灣學者衛聚賢在《中國人發現美洲》一書裡提出的觀點；第三種說法是流落民間，當了女道士。這是現代學者俞平伯的說法，唐代的女冠其實就是娼妓，如果說楊貴妃當了女道士，也就是暗示著她後來做了暗娼謀生。所以白居易在《長恨歌》裡要歎息說：「天長地久有窮時，此恨綿綿無絕期」。

吃貨寶典

雞翅要其鮮嫩，必須入沸水中一汆，撈起後再入油鍋，不可久炸，否則水分俱失，肉亦老矣，那就不是貴妃雞而是太后雞了。

○二十 血腸灌的是男兒的熱血

西元七五二年，大唐天寶十一年的一個冬天。

帝國的兩位邊防軍大軍區司令員罕見地坐在了一張酒桌前。如果沒有朝廷的允許，像這樣兩位大司令員的私下聚會當然是犯禁忌的，官做得愈大有時候也愈不自由。然而，這次宴會卻是皇帝暗中授意的，宴請的主人是皇帝的私人代表、大太監高力士，而受邀的兩位司令員則是帝國的棟樑：范陽、平盧、河東三鎮節度使安祿山和河西、隴右節度使哥舒翰。

安祿山和哥舒翰都是出身突厥族的少數民族大將，但這兩位司令員卻素來不睦，誰也瞧不起誰，湊在一起也老是發生口角。玄宗皇帝有意調停他們兩人的關係，便讓高力士安排了這麼一場酒宴。

按照大唐官方預先準備的新聞通報，酒宴應該是在「歡樂的氣氛中進行」的，「賓主就共同關心的國際問題交換了意見」，可問題就出在高力士的菜品安排上。據《太平廣記・御廚》上的記載，唐玄宗喜歡吃新鮮鹿肉，射手每射中幼鹿，隨即割喉取血，灌入加熱煎熬洗淨的鹿腸中，待放涼後，切片置鹿湯內，煮熟而食，滋味極為鮮美，特賜名「熱洛河」。這種吃法前所未有，應該是唐玄宗或其御廚發明的玩意兒。

作為京師剛剛流行的一道名菜，高力士倒也是好心，有意讓兩位邊區的司令員也嘗個鮮。問題是，這又是鹿血、又是鹿湯的，血性也太重了，這兩位本來就都是血氣方剛、飛揚跋扈的人，吃了這玩意兒，還不更加肝火旺盛。於是，好好的一場宴席，本來是想給兩人和解的，結果卻鬧得拍桌子對罵，就差沒掀桌子了。

安祿山與哥舒翰為了一道菜又吵翻了，帝國的新聞通報當然沒有發佈，而小道消息卻傳得滿天飛，大家對這道「熱洛河」都大感興趣，從此流行於宮廷及民間，也是後世灌血腸的鼻祖。只不過，後來人沒有皇帝的條件，喝不到鹿血，只好用豬血將就著代替了。

不僅是鹿腸和鹿血，從唐朝開始，各種家畜的內臟雜碎都被視作食療、食補的上佳原料，唐代的《食醫心鑑》一書裡就列有釀豬肚、羊肺羹、豬肝丸、豬腎羹等諸多名目，「雜碎們」不但烹煮精巧，口味爽美，而且可以滋補身體、治療疾病，這是唐人烹飪技藝與養生保健的完美結合。

當然了，安祿山與哥舒翰最終沒能結合在一起。也幸虧他們沒有結合在一起，否則，安祿山、史思明再加一個哥舒翰，還讓不讓唐玄宗活了！安史之亂剛剛爆發的時候，哥舒翰被唐玄宗看作了救命稻草，鎮守潼關拱衛長安，擋住了叛軍的攻勢。當時的大唐人民都對哥舒翰寄予了極大的希望，長安的小兒唱的兒歌都是「北斗七星高，哥舒夜帶刀」，就差沒說他是人民的大救星了。

哥舒翰原本想倚仗潼關天險，以逸待勞，堅守不出。但唐玄宗卻一再命他主動出關迎敵。於是，哥舒翰只得「慟哭出關」，結果一敗塗地，自己也成了安祿山的俘虜。唐玄宗呢?只好選擇出逃，於是又有了馬嵬坡的故事。

安祿山抓到哥舒翰後當然不會再請他吃「熱洛河」了，得意洋洋地問道：「你過去一直看不起我，現在怎麼樣?」哥舒翰此時也完全沒有了英雄膽色，居然跪在安祿山面前，伏地謝罪。哥舒翰從此被安祿山囚禁，最後又窩囊地死在了安祿山的兒子安慶緒之手。惟一值得慶賀的是，安祿山也死在了自己的兒子安慶緒之手，兩個老哥們、一對老冤家到了另一個世界倒可以去大嚼一頓「熱洛河」了。

對於這段天寶遺事，諸葛先生其實是了然於心的，俞兒在講這個故事的時候，先生只在翻看著那張畫著血腸的牌子，他在想著東北的酸菜白肉血腸鍋了。

東北人喜歡吃「殺豬菜」，殺完年豬後，把各種豬下水雜碎燉在一鍋裡，熱氣騰騰，沒什麼講究。而這白肉血腸則以清光緒年間，由滿人白樹立在吉林老白山下創立的「老白肉館」所製作的最有名。

其做法是先用鹽、醋將豬血腸搓洗乾淨，然後澄清豬血腸，倒出上層血清，再添入豬血量四分之一的清水及若干精鹽、桂皮、丁香等混合製成的調味料，並攪拌均勻。豬腸的一端用繩子紮緊，灌入豬血和調味料後，另一端也用繩子紮緊。然後放入沸水鍋中，再用小火煮至血腸浮起，撈入冷水中結涼，切片。吃時，就放入漏勺中在火鍋沸湯裡焯透，加入各種調料，再伴以爛熟去骨的白肉一起大啖。白肉爛酥，肥而不膩、血腸光亮油潤，清香軟嫩，實是冬季的一大佳餚。所以，以後去東北點酸菜吃的同時，別忘了讓人家端一鍋白肉血腸哦！

吃貨寶典

白肉血腸鍋起源於薩滿教的祭祀儀式，不過，薩滿巫師只用清水煮豬肉，不能加醬鹽和各種調味品，以示虔誠，這鍋純味的白肉血腸，滿洲人稱為「福肉」，據說吃了可以帶來好運。

二十一 牛肉片中的燈影愛情戲

「燈影牛肉」是四川達州的傳統名食。牛肉片薄如紙，色紅亮，味麻辣鮮脆，細嚼之，回味無窮。

燈影，即皮影戲，用燈光把獸皮或紙板做成的人物剪影投射到幕布上。用「燈影」來稱這種牛肉，足見其肉片之薄，薄到在燈光下可透出物像，如同皮影戲中的幕布。

燈影牛肉一度氾濫，四川、重慶賣的都叫燈影牛肉，就像西湖的龍井茶，連紹興嵊州生產的都用這個名字了。二〇一五年起，進行智慧財產權保護，規定只有達州的才可以叫「燈影牛肉」。

說起燈影牛肉的智慧財產權，其實還要登記在唐代詩人元稹的名下。

元稹這個人沒有李白、杜甫、白居易來得名氣大，說起來你也許不知道，但他的名句「曾經滄海難為水，除卻巫山不是雲」仍舊是今天文藝青年愛掛在口頭上的，不過，這是用於一段愛情結束後舊愛難忘的，不可說給新歡聽，切記！切記！

事實上，元稹也是這麼一位新歡舊愛不斷的風流才子。大家都知道《西廂記》的故事，《西廂記》中張生的原型就是元稹！他把自己跟表妹「待月西廂」的泡妞經歷寫成了一篇傳奇《會真記》，就是後來《西廂記》的原始版本。而現實版的《西廂記》其實是以元稹「始亂終棄」，最後主動拋棄表妹崔鶯鶯而告終的。所以，愛情其實跟美食一樣，往往都是粉飾後的故事，不能沒有，也不能天天下館子。

不過，元稹離開了崔鶯鶯後也並不寂寞，他很快來到四川，泡上了當地有名的交際花美眉薛濤。

元和五年（西元八一〇年），元稹以監察御史的身分來到成都。按照當時的官場慣例，成都的地方長官在為元稹設宴接風的時候要請官妓侑酒。考慮到元大才子的詩名已經譽滿全國，地方官決定派出有「詩妓」之稱的薛濤作陪。根據范攄《雲溪友議》的說法，其實，在此之前，元稹已經久聞薛濤的豔名，「常悄悒於懷抱」——害單相思多時了。這一趟的成都之行，也是他自己請求來的，可謂是醉翁之意不在酒。

而薛濤也是久經沙場，與她交往的風流才子多不勝數，白居易、牛儒孺、令狐楚、裴慶、張籍、杜牧、劉禹錫、張祜……收集撲克牌能湊上一整副。閱人無數的薛美女不比那些初墜情網的雛兒，給元大才子來了個欲擒故縱。但才子元稹更是情場高手，收放自如，他鍥而不捨地給美人寫詩，他的詩著實給了薛濤很大的刺激和幻想。他寫道：「風花日將老，佳期猶渺渺。不結同心人，空結同心草。」我們將會是同心人。因為我們都愛詩。

後來，元稹又改授通州（今四川達州）司馬，從中央派遣紀委考察組幹部，到乾脆在四川落地生根了。但薛美女泡不到，終究是心頭一大憾事。有一天，元稹偶然來到一處酒家小酌。店家端來的下酒菜中有一種牛肉片，色澤油潤紅亮，看上去十分賞心悅目；嘗一口，味道麻辣鮮香，回味無窮。更使他驚奇的是，牛肉片薄如紙，晶瑩透明，用筷子夾起來，在燈光上一照，絲絲紋理可以在牆壁上映出清晰的影子來。他頓時想起了當時京城流行的新鮮事物——「燈影戲」（皮影戲）。

那個時候的皮影戲就像今天的電影，四川地僻封閉，還從來沒有看到過。元稹當即將這道菜稱為「燈影牛肉」，並盛情邀請薛美女共進晚餐……以下省略五百字。元大才子泡妞泡出一道名菜，「燈影牛肉」此後就在達縣（達州）見證一代代的愛情故事。

據史書記載，清朝光緒年間，達縣城關大西街上有一家店主叫劉光平的酒家，製作的「燈影牛肉」最為有名。每當黃昏來臨，酒家便把攤位擺出店門，食攤前張一又大又薄的牛肉片，後面點一盞油燈，映得牛肉片又紅又亮，燈影依稀可見，十分吸引過路行人。

燈影牛肉的製作需選牛肉腿上的腱子肉，切薄晾乾，夏天要晾十四個小時，冬天則要晾四天，然後鋪在鐵絲架上放入火爐內用木炭火烘乾，然後再上籠蒸，蒸好再移至旺火炒鍋……說這麼多幹什麼？反正製作工藝很複雜，你家裡也做不了，還是去四川達州吃吧！說不定還能跟元稹一樣，邂逅愛情。

吃貨寶典

牛肉富含肌氨酸，其含量比任何其他食品都高，對增長肌肉、增強力量特別有效。去健身房的男生可以多吃「燈影牛肉」，因為在進行訓練的頭幾秒裡，肌氨酸是肌肉的燃料之源。而練好了肌肉，才可以邂逅愛情，對不對？

二十二 朕的國宴只吃素

素食主義者認為吃肉類等於在吃動物的腐屍，所以，他們堅決不肯讓自己的肚皮成為動物的停屍場。素食的觀念跟宗教有很大的關係，南朝的梁武帝蕭衍是個虔誠的佛教徒，所以，他是個素食主義者。諸葛先生身邊的這位朋友看來也是，他亮出的底牌上只有一個大大的素字。

這會兒，諸葛先生要實事求是地講講宗教與素食的關係演變。

佛教的創始人釋迦牟尼起初並沒有嚴格要求佛門弟子禁葷腥。在古印度的時候，大家托缽化齋，廣大施主也不可能專門為你做素食，遇葷食葷，遇素食素，總不能討不到素食就餓死吧！所以，早期的佛教教義規定有三種肉可以吃，是謂「三淨」：一是我沒有親眼看到是為我而殺的動物的肉；二是我沒有親耳聽到是為款待我而殺的動物的肉，或者說是我沒有聽到動物被殺時慘叫的聲音；三是不用懷疑它是為我而殺的動物的肉，譬如倒斃在路上的動物。總而言之，只要不是特地為僧眾殺生的肉，其他的「借光」吃一點也未嘗不可。

而在中國本土的文化中，素食往往跟齋戒聯繫在一起，齋戒前要沐浴、更衣、獨寢、戒酒、素食。同時，辦喪事規定要吃素，民間稱為「吃豆腐飯」。當然了，在常人的理解中，素食總比葷菜便宜易得，而在那個供應不充足的年代，吃葷得有一定的條件，比如周禮就規定：有資格吃牛肉的是天子，諸侯平時只能吃羊肉，每月初一才能吃牛肉；士大夫平時只能吃豬肉，每月初一才能吃羊肉。而平民百姓呢？孟子說，五十者才可以衣帛，七十者才可以食肉。當然了，這些規矩恐怕從來也沒有認真執行過，而素食的興起最終還是跟佛教有很大的關係。

佛教到了中國後，教規開始嚴格起來，南朝劉宋時期流行的《梵網經》就開始嚴格規定佛門中人「不得食一切眾生肉」，不僅如此，還不能吃大蒜、蔥、韭菜、薤菜等一些氣味濃烈、辛辣有刺激性的東西。佛教認為這些東西會增加人的淫欲，妨礙修行。梁武帝是所有皇帝中最虔誠信佛的一位，他甚至把國家大事甩手一丟，四次捨身寺院出家去當了和尚，每回都是他的大臣們用大量的金錢財寶將他這位「菩薩皇帝」贖回來的。西元五一一年，梁武帝親自寫了一篇《斷酒肉文》，立誓永斷酒肉，並以此告誡天下沙門及學佛向善之人。

梁武帝斷了葷腥，他的國宴當然也就只能完全是素席了。不過，他的素席除了清雅素淨外，在菜色品種、工藝考究等方面絲毫都不亞於葷席。首都建康也就是今天的南京城裡，有一座建業寺，裡面有一位僧廚就以製作素饌而聞名天下，據說他僅用一種瓜，就能做出幾十道口味各異的菜來。

梁武帝斷葷斷得徹底，甚至連祭祀宗廟也不准再用全豬、全牛、全羊之類的所謂「太牢」、「少牢」，全部要用蔬菜代替。他的大臣們都投反對票了：我們在國宴上吃不到葷腥倒也算了，地下的列祖列宗他們可不是素食主義者，吃不飽肚皮怎麼辦？梁武帝想想也是，於是只好折衷，同意用麵捏成豬牛羊的形狀來祭祀宗廟。於是，後世的素席上，也經常用麵食或者是蒟蒻之類的做成葷菜的樣子，有的還真能吃出雞鴨、黃鱔的味道。不過，既然已經吃素，心裡總還記掛著動物的味道，畢竟也不好。

到了隋唐時期，禮佛風氣極盛，大小寺院林立，寺院裡都設有「香積廚」，除自行料理伙食外，亦對香客供應素饌，各種素席已經形成獨特風格，具有不小的規模。

由於來寺院吃齋搭伙的人實在太多，寺院只好燒大鍋菜應付，因此也產生了「羅漢齋」的說法。據說唐太宗李世民念及當年十三棍僧救駕之恩，親自拜訪少林寺，嘉獎寺僧。曇宗和尚就以六十款素菜擺成「蟠龍宴」招待唐太宗。

素席無法以原料取勝，於是就在形、色上做足功夫，古時候稱為「看盤」，也就是功夫菜。這恐怕也是今天宴席上冷盤與雕花的源頭。唐朝有一個尼姑，曾推出過「輞川圖」的花色拼盤，用唐朝著名詩人、書畫家王維的《輞川圖》為藍本，每道菜盤占《輞川圖》中一景，一共二十景，再現於花色冷盤中，渾然一體地構成了王維「輞川別墅」的風光，可謂是將繪畫藝術與烹飪技巧神奇地結合在了一起。

到宋朝時，更有一大批士大夫成為素饌的擁躉，東京汴梁城和南宋臨安城裡都已經出現專做素席的菜館，各色素食有上百種之多。大詩人陸游到晚年也幾乎與葷食絕緣，成為茹素長者。在他的詩集裡，詠歎素食的詩竟有數十首之多。他還用蘋果、山芋、蘿蔔等家常時蔬和水果做成甜羹，江浙一帶的居民爭相仿效，直到上世紀七、八○年代，這碗甜羹都是江浙婚宴裡必備的一道菜。

元明清時代，素席也頗受歡迎。西元一二九二年，元世祖忽必烈前往少林寺訪問他的好友福裕大和尚，寺中為其特設「飛龍宴」，比起當年為唐太宗設的「蟠龍宴」更進一步，菜品達到了九十種，至今流行的就有一道素燒鵝。而在清朝，根據滿族的習俗，從新年的第一天到第五天都要吃素。當民間吃著精緻的團圓年夜飯時，皇宮裡過大年卻吃的是素餡餃子，據說這是清太祖努爾哈赤定的規矩。因為長年征戰，殺伐太多，努爾哈赤曾對天起誓，每年除夕以吃素餡餃子的方式祭奠那些死者，於是這就成了大清朝一條不成文的規矩。

從初一到初五，當然也不可能只吃素餡餃子，花樣當然也得不斷翻新，「羅漢齋」之類的素席便應運而生。不光寺院有羅漢齋供應，民間甚至宮廷亦常有需求，慢慢也變得有些家常菜的味道了。而寺院因素食聞名的也湧現出一大批，如北京的法源寺、潭柘寺、碧雲寺，上海的白雲觀、玉佛寺，杭州的靈隱寺、煙霞洞，廣州的慶雲寺，南京的雞鳴寺，鎮江的金山寺、安慧寺，常州的天寧寺，西安的臥佛寺、香積寺等，各寺的名菜也不勝枚舉。而杭州靈隱寺以真素之料仿葷形之菜上更是令人叫絕，素雞、素鴨、素魚、素牛肉、素火腿，無論在外形還是口感上，均可達到以假亂真的程度。

素席講究新鮮素雅，蘑菇、雞樅、萵筍、香菌、紫菜、黃花、金針、山藥、核桃、蒟蒻、木耳、豆腐、粉皮都是好的原料，廚房用油也必須要用植物油，連鍋鑊用具都不能沾碰葷腥。要吃到正宗美味的素席，必須找知名的專業菜館按圖索驥，譬如杭州的素春齋、上海的功德林、廣州的菜根香就是一流的素菜館，而北京大三元酒家做的「鼎湖上素」更是素齋中的「最高上素」。

吃貨寶典

素席一定要趁熱吃，涼了口味就差很多。另外，長期吃素食容易缺鈣，導致骨質疏鬆，要謹防摔跤造成骨折，可以多喝牛奶，多曬太陽。

二十三 東坡肉可不是吃蘇東坡的肉

下面這張牌畫的是一小盅通紅油亮的東坡肉，諸葛先生對此當然爛熟於心。

宋元豐二年（西元一〇七九年）十二月，蘇東坡從紀檢監察部門的御史臺監獄（烏臺）裡撿了條命逃出來，被貶到黃州擔任團練副使。黃州是長江邊上的一個小鎮，距離漢口大約六十里。團練副使的宿舍就在長江邊上，「風濤煙雨，曉夕百變」，他記錄的是大自然的陰晴變化，更多的恐怕是他心裡的寫照。

說來搞笑，名滿天下的大才子被抓進御史臺監獄關了四個月只是因為他寫的幾句詩，大宋朝的紀檢幹部抓住把柄大興文字獄，要他交代以前寫的詩的由來和詞句中典故的出處，搞得蘇老師生不如死，到了黃州後一度也神經緊張，杜門不出，連筆硯都不敢碰。

因為是被貶謫，他的生活也十分拮据，自己給自己規定，日用不得超出一百五十錢，每個月月初就把四千五百錢的工資分成三十份，掛在屋樑上，每天用叉子叉下一份來用，然後就把叉子收起來藏好，免得違反規定超額消費。當天用不完的，則用一個大竹筒裝起來，以備賓客來時請客之用。一個大文豪，搞得如此斤斤計較會當家，也算是蘇東坡跟這世界開的一個玩笑。

節約歸節約，一張嘴巴總還是省不了的。好在當時黃州的豬肉非常便宜，富人不屑於吃，窮人又不懂得烹飪不會煮，蘇東坡就幾乎天天吃肉。

蘇東坡的〈豬肉頌〉就是貶謫黃州時所戲作，頌曰：

> 淨洗鐺，少著水，柴頭罨煙焰不起。待他自熟莫催他，火侯足時他自美。黃州好豬肉，價賤如泥土。貴者不肯喫，貧者不解煮，早辰起來打兩碗，飽得自家君莫管。

翻譯出來就是：

把鍋子洗得乾乾淨淨，水放少許，燃上柴木、雜草，抑制火勢，用不冒火苗的虛火來煨燉。等待它自己慢慢地熟，不要催它，火候足了，它自然會滋味極美。黃州有這樣好的豬肉，價錢賤得像泥土一樣；富貴人家不肯吃，貧困人家又不會煮。我早上起來打上兩碗，自己吃飽了您莫要理會。

蘇東坡吃飽了，後世的人也有得吃了，一道名菜「東坡肉」就這麼誕生了。

豬肉是漢民族食用的主要肉食，吃豬肉的歷史最起碼可推至夏朝。中國歷史上第一個最暴虐的君主夏桀做酒池肉林，就是將各種肉共煮於鼎中，其中馬、牛、羊、雞、犬、豕定為六畜。

蘇東坡一生最愛吃豬肉，《竹坡詩話》還記下一則趣聞：說是蘇東坡喜歡吃燒豬，佛印和尚住在金山寺時，「每燒豬以待其來」——這個金山寺的和尚不像法海那樣

嚴格，居然還可以替人家燒豬肉吃！有一天，東坡興沖沖趕來吃豬肉，不料卻被別人偷吃掉了，蘇東坡倒也不懊惱，戲作小詩：「遠公沽酒飲陶潛，佛印燒豬待子瞻。採得百花成蜜後，不知辛苦為誰甜。」這個人的人生態度總是那麼喜樂達觀。宋元豐六年，他的小妾朝雲替他生了一個兒子，他居然給兒子起名叫「豚兒」，當然不是要吃掉兒子，實在是愛之極點了。

東坡肉說穿了其實就是極一般的紅煨肉，浙江杭州與江西、四川、雲南等地也都有東坡肉傳世，大家爭發源地爭得面紅耳赤，恨不得將蘇東坡從地下拖出來作證。其實確切的情況是，蘇東坡後來又到杭州當知州，組織民工疏浚西湖，他老人家就讓廚子按照他的方子燒了大鍋大鍋的東坡肉給民工兄弟吃，所以，這道菜的理論誕生於黃州，實踐應用於杭州，或者說研製階段在黃州，批量生產在杭州，今天的湖北黃岡和浙江杭州都能吃到地道的東坡肉。

倒是開封的東坡肉，不用醬油，肉切塊後再加上鮮筍，加鹽入大碗上籠清蒸，蒸成酥爛。據說開封人原先不吃鮮筍，蘇東坡有詩傳至開封，「無竹令人俗，無肉令人瘦。不俗加不瘦，竹筍加豬肉」，於是開封人發明了這道筍蒸東坡肉，只此一家沒有分店，絕對的專利產品。

不過，當年蘇東坡非但沒有賺到智慧財產權，還險些又被反對派找到了攻擊武器：

「皇上，您看看！這蘇軾有多討厭！民憤有多大！老百姓都恨不得吃他的肉了！」

「有這種事情？朕一向愛民如子，你個蘇東坡竟敢欺負朕的子民？要調查！要徹查！」

徹查的結果還好是虛驚一場。全國人民都熱愛蘇東坡，用不著朝廷擔心。

話說蘇東坡在黃州沒有多少軍國大事要他處理，訓練民兵也不是他的強項，他就刻苦鑽研烹飪技藝。除了東坡肉外，他還發明了東坡羹，同樣也有〈菜羹賦〉傳世為證：

> 東坡先生卜居南山之下，服食器用，稱家之有無。水陸之味，貧不能致，煮蔓菁、蘆菔、苦薺而食之。其法不用醯醬，而有自然之味，蓋易而可常享。乃為之賦，其辭曰：
>
> 嗟余生之褊迫，如脫兔其何因。殷詩腸之轉雷，聊禦餓而食陳。無芻豢以適口，荷鄰蔬之見分。汲幽泉以操濯，搏露葉與瓊根。爨鉶錡以膏油，泫融液而流津。適湯濛如

松風，投糝豆而諧勻。覆陶甌之穹崇，罷攪觸之煩勤。屏醯醬之厚味，卻椒桂之芳辛。水耗初而釜治，火增壯而力均。滃嘈雜而廉清，信淨美而甘分。登盤盂而薦之，具匕箸而晨飧。助生肥于玉池，與吾鼎其齊珍。鄙易牙之效技，超傅說而策勳。沮彭尸之爽惑，調竈鬼之嫌嗔。嗟丘嫂其自隘，陋樂羊而匪人。先生心平而氣和，故雖老而體胖。忘口腹之為累，似不殺而成仁。竊比子于誰歟？葛天氏之遺民。

這段話翻譯過來，大致意思就是：東坡先生窮困潦倒住在南山腳下，山珍海味無法享用，就煮蔓菁、薺菜來吃，煮的方法是不用醋和醬油，利用它的自然美味。點火上灶放入膏油，鍋內熱氣騰騰香津沸騰，也不要胡椒桂皮之類的調料，用武火把鍋燒開後，燒沸一會兒就用均勻的文火煨。菜蔬隨著開水而翻騰，就煮成了酥爛的濃湯。這些溪畔澤邊的野菜，能與諸侯當年的王鼎媲美。

這當然是蘇東坡的苦中作樂，但從他的〈菜羹賦〉中可以看出，兩宋時期，菜羹仍是平常人家的主要菜食。羹分葷素兩種，有錢人家用肉作羹，而蘇東坡當時經濟拮据，就用菜作羹，所用的原料，是大頭菜、蘿蔔、薺菜，加上豆粉。由於蘇東坡十分強調烹調技術，對水、火、油都十分講究，尤其是掌握火候，怎樣才能煮爛，何時加豆粉為宜等等，都很有經驗。所以他將最普通的素菜加豆粉，能製作出最美味的「東坡羹」。

蘇東坡自稱「老饕」，是個美食達人，他的名頭又夠大，那個時候還沒有姓名權的保護，所以很多菜肴都被冠上了東坡的名字。這樣倒也好，小老百姓哪怕從來不讀蘇東坡的詩文，至少在餐桌上也久聞蘇東坡大名了。不像現在，因為有姓名權保護，你再也吃不到莫言獅子頭、馬雲豆腐的。所以建議名人適當開放自己的姓命使用範圍，以便於自己流芳百世。

吃貨寶典

蘇東坡已經交待得很詳細了：少放水，多用文火燉，放糖多少按自己的口味調整。當然還有一條：趁熱吃，冷了可不受用。

二十四 沒吃過河豚，怎敢稱吃貨？

「不食河豚（魨），焉知魚味，食了河豚，百鮮無味。」河豚帶有肉刺的魚皮膠質濃厚，食之粘口，而湯之醇厚更是遠勝於參翅。所以，當俞兒出示那張鼓得像皮球一般的河豚牌時，諸葛先生也禁不住垂涎三尺了。

清明一到，春江水暖，很多人會對鱸魚動了歸興，唐朝詩人項斯有一首詩：「行到鱸魚鄉里時，膾盤如雪怕風吹。猶憐醉里江南路，馬上垂鞭學釣時。」這位老兄是山裡人，寫來寫去不過是鱸魚堪膾，他哪裡知道，清明時節的河豚比起鱸魚更不知要美味多少倍！當然了，唐人還不知道怎麼吃河豚，估計是吃死了幾個也沒有人再敢去拚命了，吃河豚的風氣一直要到宋朝才開始大盛。「竹外桃花三兩枝，春江水暖鴨先知。蔞蒿滿地蘆芽短，正是河豚欲上時。」從詩裡似乎可以讀到，宋朝的蘇東坡這個大吃貨已經急不可待了。

河豚上市的季節很短，三四月間上市，四五月間就不能吃了。吃河豚，最佳時間是在清明之前，因為河豚在四五月間產卵，卵巢與肝臟皆含劇毒，這個時候的河豚也最毒，所以過了清明也就不能貪吃。河豚體內的毒，毒性比氰化鉀高近千倍。河豚毒素不僅毒性劇烈，而且久煮也不會分解，所以燒河豚一定要去頭、去內臟、去血，去得乾淨，還要由專業廚師掌勺。按照舊時的規矩，河豚端上來時，要由廚師當著眾人的面先吃一碗，叫眾食客放心。

河豚的體形圓長肥滿，頭部扁扁的，身體向尾部逐漸細小，像個紡錘。河豚的名字從字面解釋就是河裡的豬，不光體形像，黑黑的顏色、肉味的鮮美也都像豬。河豚其實有很多種類，大的真可以像一隻小豬，但一般食用的都是小的虎河豚和橫紋河豚。

河豚多半棲息在江中多沙的地方，江海交界即淡水與海水交匯之處，分佈尤多。河豚遇到敵人，會把空氣吸入胃中，使腹部膨大如球，然後仰天浮著，使水生敵類無法入嘴。但是牠這種愛生氣的個性卻恰恰成了人類捕捉牠的弱點，人們用網在水面浮撈，就可以輕易捉住牠。而且河豚還喜歡鬥氣，觸碰到魚網，就不肯走了，要跟魚網鬥個高低，所以，每每被魚鉤勾住。但是魚鉤勾住的，多半是母的，母河豚味道不夠鮮美，在海面上撒網捕到的才多半是公的。估計古人也搞不清河豚的雌雄，因為公河豚的腹部多嫩肉，味道勝過乳酪，這個部位其實是雄性河豚的精囊所在，即河豚魚白，稱之為「西施乳」。文人雅士性好饕餮，又有這麼一個香豔情色的名字，怎麼能不動心呢？

蘇東坡謫居常州的時候，因當地盛產河豚，每逢河豚上市，東坡先生必定要大快朵頤。當地有一鄉紳，烹煮河豚有獨到之處，聽說大名鼎鼎的蘇學士也嗜好河豚，便請他來家吃一頓。蘇東坡聽說有美味也欣然前往。鄉紳家裡的人久聞蘇東坡大名，當蘇東坡吃河豚時，他們都躲在屏風後面偷看，想知道蘇學士如何品題佳餚。但蘇東坡只顧著埋頭大嚼，來不及讚美一句，等吃光、吃飽了，這才停下筷子，抬頭對主人說：「據其味，真是消得一死。」如此美味，毒死也值得了！招待他的鄉紳和屏風後面的家人聽了，個個都大為高興。這也是「拚死吃河豚」這句俗諺的來歷。

古人說，人吃河豚中毒後，先是舌頭發麻，然後也會像易生氣的河豚一樣腹中脹痛，從脹痛到絞痛，最終活活脹死。所以，殺河豚必須洗淨血跡，而且一定要用江水洗。殺前準備潔淨的江水數缸，漂洗和入鍋都要用江水，烹飪的時候也是以酒代水，不得用自來水添加。

吃河豚如果中毒當然也有急救的方法，元人陶宗儀的《輟耕錄》說吃穢物（糞便）可以解河豚毒。宋人還記載過一個鬧笑話的故事：

宋徽宗崇寧年間，有一個名士經過蘇州，當地官員要設河豚宴招待他。名士怕中毒，但人家盛情難卻，又不能不去赴宴，所以臨出門時再三關照家人，如果我中毒了，只有糞便可以解毒，你們千萬要記住！交代完畢，這才忐忑赴宴。

這位名士抱著「慷慨就義」的心情來到筵席上，沒想到主人卻對他說：「真是萬分抱歉，原本打算請你嘗嘗河豚，倉促之間怎麼也買不到河豚，只好改吃別的了。」名士聽了倒也正中下懷，連說不介意，於是消除顧慮，開懷暢飲。結果，喝得酩酊大醉，被人抬回家去。

家裡人見他不省人事，以為他果然河豚中毒，於是想起他臨出門時的關照，就從茅廁裡掏了一些糞便，奮力灌入名士的口中。名士被灌糞便，當即翻胃嘔吐。而家人見他嘔吐，還以為果然有效，於是，再拿來灌。可憐這位名士河豚沒有嘗到，倒嘗到了糞便的味道。

元人賈銘在《飲食須知》裡也提供解河豚毒的方子：用橄欖、蘆根汁、甘蔗汁來解毒，不過效力不太大，或者把鴨血灌入口中，也可以解毒。所以，吃貨們去吃河豚時，備包橄欖在身邊總是不錯的，但不要吃桔子和菊花茶，這兩者跟河豚藥性相反，不能同時吃。另外。蔞蒿也可以解毒，前些年一直不知蔞蒿為何物，直到讀了汪曾祺的小說《大淖記事》，才知道：「蔞蒿是生於水邊的野草，粗如筆管，有節，生狹長的小葉。」汪先生也是美食家，所言定然不虛。

吃河豚雖然有危險，但河豚肉是真的味美啊，細膩、滑軟，那乳白色的濃湯，又鮮又綿，鮮稠香郁，哪裡是言辭可以形容的。吃貨們趕緊行動起來！沒吃過河豚，你還好意思稱自己是吃貨嗎？

吃貨寶典

要吃河豚，可以去常州、揚州，當然浙江三門的河豚也很出名，入湯、清蒸、紅燒俱佳。三門人烹煮河豚用的是類似「農家菜」的粗放做法，一整隻在火鍋裡燉，端上來鄉土氣息極濃，正可大快朵頤。

二十五 兩條鯽魚的一場虛驚

御史臺的獄卒走過關押蘇軾的牢房，透過柵欄，他看到蘇軾戴著枷鎖，坐在一叢稻草上，頭髮披散開來。

今天的蘇軾有點異樣，楞楞地盯著面前的飯盒，目光顯得呆滯，失去昔日慣有的光彩。蓬亂的鬍鬚下面，一張烏青的嘴唇正微微地顫抖著。

這個獄卒心想：寫幾首詩就遭這麼大的罪，這世道也真是的！對於這位因「烏臺詩案」而入獄的大詩人，他充滿同情，就隔著柵欄小聲問道：「蘇公是否病了？」

蘇軾抬起頭來，輕輕搖了搖。

獄卒看他的模樣，心裡一陣酸楚：「我去打些熱水，給你洗個頭，淨把面吧。」

蘇軾聽到此言，猛地打了一個寒噤，隨即又平靜下來，喃喃道：「也好，這樣邋裡邋遢的怎好上路呢！」

獄卒轉身去了，不多時，端來一瓦盆的熱水。他打開牢門，走進去，看到蘇軾面前的飯盒裡，盛著兩條油煎的鯽魚，已經涼了多時。

「蘇公，我去將飯菜熱一下吧？」

「不用了，公差，煩請借紙筆一用。」蘇軾勉強擠出一個笑容，對獄卒說。

「蘇公啊！不是我說你，你就是因為這紙筆而獲罪，都什麼時候了，還想著要寫詩麼！」

「我想給家人留幾句話，若有難處，也就不勉強了。」蘇軾說得很平靜。

「難處？有什麼難處！只是為你好，何必老想著動紙筆呢，禍從口出，還不記著教訓！」獄卒口裡埋怨著，還是出去拿來了紙筆。

紙筆取來，蘇軾的眼中瞬間又有了光彩。筆走龍蛇，他很快寫了兩首詩。兩首都是絕命詩，一首是寫給弟弟蘇轍的，另一首是寫給自己妻兒的。

獄卒在旁邊看了，大吃一驚：「蘇公，為何寫這樣的詩，你罪不至此呀！」

蘇軾淒慘地笑了一笑，臉色更加難堪。他盯著面前的兩條魚，心裡藏著一個祕密，是他與長子蘇邁的一個約定。

這件事今天發生了。

蘇軾低頭深思了片刻，終於把它告訴了獄卒。

原來，蘇軾從湖州任上被逮捕進京，長子蘇邁也跟著過來了，除了往獄中送飯菜，還要奔走打探一些消息。剛進監獄時，蘇軾就與兒子約定，平日送飯只送一些果蔬和肉類，一旦獲得凶訊，就以送魚為暗號告訴蘇軾，也好讓他在獄中有個心理準備。

今天送飯來的，就是兩條魚。

瞭解到這個情況，獄卒一時沒有開口，沉默了一會兒，他突然想起來：「今天來送飯的好像不是蘇公子！這裡面會不會有什麼誤會？等我下了班去尋著蘇公子問個究竟。」

蘇軾聽了，也覺得有道理，連忙向獄卒致謝。

後來的情況證實，的確是虛驚一場。

原來，蘇邁發現來京所帶的銀子用完了，就出門去籌借，把送飯的事託付給了在汴京做小生意的一個遠房親戚，而恰巧這位親戚剛剛買了幾條鮮活的鯽魚，就順手煎了幾條給蘇軾送來了。

蘇軾後來出了獄，從此，鯽魚成了他的忌口，再也不碰了。俞兒講完這樁事，諸葛先生不禁感歎造化弄人，誰想到手中捏的這張畫著兩條油煎鯽魚的紙牌，居然讓蘇軾先生頓生了大難臨頭的感覺。

鯽魚當然是一種非常普通的食材，我們說一樣東西很多，就形容它「多如過江之鯽」，可見是最平常不過的了。因此，當今各種美食書幾乎都不會講到鯽魚，但鯽魚又是居家食用最常用到的魚類，油煎鯽魚、鯽魚氽湯，都是最尋常的做法。從前過年，家家都做一條紅燒鯽魚，從除夕到正月裡放著成凍，每餐都端上來，但卻不去吃它，以示年年有餘。此事遂成年例，恐怕只有蘇東坡家例外。

其實，鯽魚也曾經是有身價的，唐朝人特別喜歡吃鯽魚，一道「羅漢鯽魚」據說是高祖李淵命名的。李淵反隋時，在鄉間得一位姓羅的老漢所作，當了皇帝後，不忘初心，便命名為「羅漢鯽魚」；而今天大家吃得最多的「氽湯鯽魚」則據說是尉遲敬德的發明，湯色潔白，釅如奶漿。風流皇帝唐玄宗特別喜歡吃「鯽魚膾」，派人專取洞庭湖的大鯽魚，放養於長安景龍池裡。唐以前，鯉魚一直是魚膾的主要材料，至唐以後，皇帝與士官多用鯽魚作膾。

蘇東坡其實以前也很喜愛吃鯽魚，還自創了煮魚法：「以鮮鯽魚或鯉魚治斫，冷下水，入鹽如常法。以菘菜心芼之，仍入渾蔥白數莖，不得攪。半熟，入生薑、蘿蔔汁及酒各少許，三物相等，均勻乃下。臨熟，入桔皮絲，乃食之。」不過，經過牢中的一番折騰，東坡先生見鯽魚而後怕了。

早些年，臺灣曾流行過魚羊雙鮮鍋，倒也滿有創意：以連皮帶骨的羊肉與煎過的鯽魚同納火鍋中，邊煮邊吃，再加些青蒜、粉條與凍豆腐，總要讓羊肉不羶、魚肉不腥，取其魚、羊合烹的鮮味，圍爐而吃，愈吃愈有滋味。

聽俞兒說海峽對面的故事，諸葛先生記起書上看來的一則食方，說是江蘇有一道名菜叫「羊方藏魚」，它是將魚肉鑲嵌在一方羊肉內燜製而成，故名藏魚。

據說此菜是彭祖所創，彭祖的兒子捕到一條鯽魚，央求其母烹煮，彭祖的老婆正煮著羊肉，就把羊肉剖開，將魚藏入其中。彭祖返家，聞到一陣異香，問明緣由，隨即如法炮製，後來就演變為江蘇徐州地區不可或缺的傳統美饌。

此菜在製作時，取斤把重的鮮羊肋脯肉一長方塊，用料酒、精鹽、花椒反覆搓擦，再用蔥段抹在羊肉上，醃漬五、六個小時，入沸水鍋焯水洗淨，務必去其膻味。再取七、八兩重的鯽魚一條，去鱗、鰓、鰭和內臟後洗淨，在魚身上抹鹽和料酒。從羊肉的側面劈一刀，將鯽魚鑲嵌進羊肉方內，接著將羊肉方置鍋中，舀入清水置旺火上，加入料酒、薑片、蔥段、花椒、精鹽燒沸撈沫，移小火上，燉至酥爛，加麻油少許，盛入盤內大功告成。

時至年節，換個面目做條鯽魚，並討個吉祥的彩頭，也是滿好的。諸葛先生回去就買了一條鯽魚。

吃貨寶典

鯽魚性溫，油煎鯽魚的時候放一些大蒜，助長身體的熱氣，有利於冬季保溫。而且冬天鯽魚肉厚多子，食之最佳。鯽魚湯也是產婦催奶的良方，生完孩子喝鯽魚湯絕對錯不了。但鯽魚多刺，吃時要格外小心。

二十六 黃庭堅吃蟹，吃還是不吃？

魯迅先生曾說過，第一個吃螃蟹的人肯定是個勇士，這是從其惡形惡狀所下的推論。螃蟹之所以叫螃蟹，就是因為牠橫著爬，「旁行」的緣故，古人還把牠跟一個暴君的名字聯繫起來，稱為「桀步」，看起來確實挺嚇人的。而如果論及美味，那麼，螃蟹實在堪稱天下之至味。畫家徐悲鴻就說：「魚是我的命，螃蟹是我的冤家，見了冤家就連命都不要了。」蟹有淡水蟹、鹹水蟹之分，一般所說的螃蟹指的當然是淡水的湖蟹，尤以陽澄湖的大閘蟹為佳。國學大師章太炎的夫人湯國梨吃過陽澄湖的大閘蟹後感歎：「若非陽澄湖蟹好，此生何必住蘇州。」

第一個吃螃蟹的勇士是誰當然已經搞不清楚，但真正會吃螃蟹、吃出螃蟹味道來的，應該還是宋朝的事，在這之前有蟹醬、糟蟹這樣的記載，其實都是在糟蹋螃蟹。俞兒這次出示的牌上畫著三隻螃蟹，其中一隻螃蟹的八條腿已經斷了七條，另外兩隻螃蟹正拱著牠，試圖把牠送出蟹簍逃出生天，旁邊有一個士大夫模樣的人神情淒然地看著這一幕。

「黃庭堅！此公可是黃魯直？」諸葛先生似乎也知道這個典故，嚷嚷著問俞兒。

俞兒微笑頷首：「是的，這個人就是蘇門四學士之一的黃庭堅，黃魯直。」

黃庭堅跟他的老師蘇東坡一樣也是一個吃貨，而且此公特別喜歡吃螃蟹，他不僅吃螃蟹，還是一個捉蟹高手。

黃庭堅捉蟹，方法很獨特。他是書法家，所以捉蟹也用書法工具。這也叫因地制宜，就地取材。毛筆寫禿了，就廢物利用去蟹洞裡探蟹，據說，被毛筆的筆鬚搔著，蟹特別容易上鉤。等蟹用兩個大螯夾住了毛筆，就猛地往外一拽，螃蟹就被拽出了水面。

黃庭堅就這麼捉蟹吃蟹，搞得不亦樂乎。但是不久，他就不願意再吃蟹了。因為遇到了一件稀奇事，就是畫面上描述的那一幕：

有一天，他又去溪邊捉蟹搞副業，見別人設置在水裡的蟹籪裡，有二、三隻蟹抱成一團往水面上拱，近前仔細一看，原來其中的一隻蟹八條腿已經斷了七條，而另外的兩隻蟹發揚救死扶傷精神，正馱著牠試圖把牠送出蟹簖以外去。黃庭堅呆呆地看了好一陣子。從此，他就再也不吃蟹了。

黃庭堅是名列古代「二十四孝」的仁人，仁人動了仁心，吃貨就成了菩薩。

蟹是發誓不吃了，不過總還惦記著那味道，於是黃庭堅又喝起了「蟹眼湯」。蟹眼湯可不是用蟹的眼睛煮湯，如果是那樣，那就更加不仁了。黃庭堅喝的蟹眼湯其實是一種丹藥，主要成份是鐘乳石，把它放進水裡，文火一點一點地煎，煮開了等熬成蟹眼狀，就算成了。據說，吃著有蟹的味道，黃庭堅說我喝蟹眼湯，如細雨滋潤禾苗，渾身舒泰，並沒有服用一般丹藥的燥熱感覺。不過，丹藥這個東西早就不流行了，也不一定科學，所以，你反正也不想當「二十四孝」，還是直接吃蟹吧，不要去嘗什麼蟹眼湯。

明清時代的文人墨客那就更加盛行吃蟹了，尤其是在南方，秋風起，蟹腳癢，持螯賞菊，那是一等一的雅事。江浙一帶吃螃蟹頗有傳統，當地有一句名言，叫做「不食螃蟹辜負腹」：到了秋天，什麼都可以辜負，黃庭堅先生的一片仁心當然要辜負了，甚至愛情也可以暫時放一邊，就是不可以對不住自己的味蕾和肚子。

對螃蟹感情最深的文人當數李漁李笠翁，他說螃蟹的味道「已造色香味三者之極，更無一物可以上之。」據說老先生每年夏天就開始往一個錢罐裡存錢，存到秋天打開撲滿，全部去換了螃蟹。老先生把這個錢稱作「買命錢」——不吃螃蟹，連命都沒有了。

還有一位張岱先生，也是螃蟹的天敵，在他的《陶庵夢憶》裡專門有「蟹會」一文，詳細記述了蟹的食法、風味特色及與友人相聚品蟹的情景。張先生是個大吃貨，他發現螃蟹五味俱全，根本不需要加任何調料，自然蒸煮，本色更佳。今天的吃貨一般都沿襲他的吃法。

陽澄湖的螃蟹之所以被人稱道，除了水質之外，陽澄湖的湖底土質堅硬也是很重要的原因，因為土質堅硬，所以，螃蟹們爬起來頗「鍛鍊腳力」，就像一個天天健身的人，肉也長得緊實精緻。挑陽澄湖大閘蟹可以將蟹捉出水來放在玻璃板上，看牠蟹腳離地懸空撐起身子，爬行自如，當是上品。

《紅樓夢》、《金瓶梅》裡多次寫到蟹宴，並將螃蟹稱為「橫行介士」、「無腸公子」。這是對螃蟹特性的兩種概括：橫行介士好理解，無腸公子的說法出於葛洪的《抱樸子》一書，因為蟹肚子裡跟其他動物不一樣，沒有腸子。後世也以螃蟹的這一特性形容人的率直性格。

古往今來，除了黃庭堅戒掉吃蟹之外，嗜好吃蟹的人真是不計其數。宋朝有一個叫錢昆的中央官員，有一次人事調動，將被下放到地方去做官，當組織部門徵詢他個人意願時，他正經八百地說：「只要有好吃的螃蟹，又沒有通判（地方監察官員）的地方，我都可以去。」近代國畫大師張大千的老師李瑞清吃起蟹來，常常饞相畢露，據說他「每頓食蟹一百」。其實，這般奮不顧身是不可取的，因為螃蟹性寒，吃時要伴些紹興黃酒暖胃，一公一母足矣，多吃則傷胃了。另外，螃蟹也不可跟柿子同吃，會造成冷積腹痛；橘子、棗子之類也不宜同吃。從前還有一個迷信，說是孕婦吃了螃蟹會使胎兒橫著生產，這當然是笑話了，但孕婦不宜多吃螃蟹倒是真的。

吃貨寶典

大閘蟹一般以母為貴，稱為團臍；公的叫尖臍，看螃蟹肚子下那塊蓋子就分得清，兩者價格也相差很多。其實，跟人一樣，雌性螃蟹發育得早，所以蟹黃膏也比較厚實，螃蟹初上時要吃團臍才好，因為這個時候雄蟹還沒有發育好，沒什麼膏黃，味道差一點；而到了十一、十二月份，尖臍的雄蟹其實已經不比團臍的差，價錢便宜，蟹黃還更嫩一些，這個時候還是吃尖臍的好。據說，螃蟹腹中的黃，是隨著月亮盈虧而飽滿和消損的，所以，吃蟹不妨選在月中的日子，味道更佳。

二十七 蔡京家的廚娘會做什麼菜？

南宋初年，臨安府一戶富人通過牙行，也就是仲介公司找了一個廚娘。這位廚娘是從東京汴梁逃難過來的，自稱曾經在蔡太師蔡京家裡當過廚。太師府的廚娘，廚藝一定很不錯，而能夠雇到太師府的廚娘，面子上也很有光彩。富人很高興，工資待遇一律從優，就等著人家露一手給自己做幾個拿手好菜，尤其是傳說中的太師府特製點心——「蟹黃包子」了。

可等啊等，那位廚娘卻一直沒有亮功夫。等到主人再三盤問，卻發現她其實啥也不會。你說她是個騙子嘛，倒也不是，她還真是從蔡太師府的廚房裡出來的，只不過，她是廚房裡專門切蔥的，別的啥也不會。

俞兒講了這則逸聞可真讓大家笑掉大牙，諸葛先生知道這可不是什麼笑話，千真萬確的事情，蔡京當年的鋪張與揮霍就是這般程度。

蔡京喜歡吃鵪鶉羹和蟹黃包子，每做一道鵪鶉羹要殺三百隻鵪鶉；請人吃一次飯，僅蟹黃包子一項的花費，就要一千三百貫，大約相當於五十戶普通人家一年的收入。而對於這般奢侈的生活，他還有一套「豐、亨、豫、大」的理論，這是從《易經》裡搬出來的幾個詞，其核心思想是：在太平時節，皇帝和大臣都要有盛世天子、太平宰相的氣派，要敢於花錢，敢於享樂，不要拘泥於世俗的禮儀。這番理論，對宋徽宗來說實在是太善解人意了！徽宗皇帝也正是這樣乖乖地被蔡京引導著，走上了一條醉生夢死的不歸路。

可這蔡京是福建莆田人，蟹黃包子卻是淮揚名點，他怎麼會愛上蟹黃包子的呢？今天我們就來說說包子的故事。

包子這個東西，在南方不管裡面有沒有餡，統一稱作饅頭，但唯獨「蟹黃包子」還是叫蟹黃包子，而不叫蟹黃饅頭。

在北方就講究一點，有餡的稱包子；沒餡的叫饅頭，顧名思義，包子包子總得包點什麼吧。其實，包子這個稱呼是後來才有的，最早的時候就叫饅頭，都是帶肉餡的，而且個兒很大。據說是諸葛亮先生發明了饅頭，想當年他老人家平蠻到瀘水，七擒七縱孟獲，看到當地蠻人用血淋淋的人頭祭神，心有不忍，就用麵粉包裹肉餡，代替人頭祭祀，於是就有了饅頭或者說包子。到了後來，古人籠統地把麵食都稱作為餅，於是饅頭就被叫成了「蒸餅」，有人考證，武大郎賣的「炊餅」其實也不是什麼餅，就是饅頭。

宋朝人喜歡吃饅頭，饅頭是他們的主食。宋仁宗過生日，賞賜給群臣的不是麵條而是包子；而在宋朝的中央國立大學——太學，饅頭更是太學生們經常食用的東西。今天的河南開封最出名的小吃叫「灌湯包」，燙麵做皮，肥肉做餡，半透明，造型美觀，有些像「皮包水」的揚州湯包，只是個頭比揚州湯包小。灌湯包的來歷，據說就是宋朝名吃「太學饅頭」。

當年王安石變法，整頓太學，宋神宗去視察，想看看太學生的飲食，到學生食堂裡一瞧，新蒸包子剛出籠，他拿起一個嘗嘗，嗯，味道真不錯，於是滿意地說：「以此養士，可以無愧矣！」能讓太學生們吃上這樣的包子，說明咱的工作做得很好嘛。

蔡京在京城汴梁做官，當然也嘗過京城的太學饅頭，至於淮揚的蟹黃包子，他是在杭州吃到的。

有一陣子，蔡京在官場上過得很不順，被奪去官職，混了個「提舉洞霄宮使」——到道觀裡去領一份養老津貼這樣的虛職，居住在杭州。杭州菜受淮揚菜的影響很大，杭州又靠近江蘇，杭州人吃蟹的熱情一點都不讓江蘇人，所以，蟹黃包子在杭州也頗流行。

蔡京吃過蟹黃包子後也立刻愛上了它。後來，宋徽宗派大太監童貫來杭州訪求、採購名家書畫，蔡京很快跟童貫勾搭在一起，據說是把王羲之的真跡送給人家當了禮物，從此便時來運轉，一直當到一人之下、萬人之上的太師。所以，他是吃著蟹黃包子發跡的，當然就更加愛蟹黃包子了。

至於說他請一次客，僅蟹黃包子一項的花費，就要一千三百貫，這也好理解。當年清朝的道光皇帝以節儉和摳門著稱，身上的龍袍都是打過補丁的，手下的大臣也只得效仿，哪怕是新衣服也去打幾塊補丁，讓皇帝看看自己有多響應號召。有一回，道光皇帝看到軍機大臣曹振鏞的褲子膝蓋部位打了補丁，就問他打一個補丁多少錢。曹振鏞知道內務府的太監們經常要報假帳，為了不得罪這幫太監，給他們留有餘地，曹振鏞不敢實話實說，壯著膽子說：三兩銀子！事實上，三兩銀子在市面上足可以做好幾條褲子了。

可沒想到，讓曹振鏞險些嚇癱在地上的是，道光皇帝非但不說貴，反而羨慕地說：真便宜呀真便宜！朕補一塊補丁都要報銷上千兩銀子！你想，蔡京府裡做一份蟹黃包子，還得養一位專門切蔥的廚娘，還能不貴嗎？

吃貨寶典

過猶不及，凡是過頭了總不好，無論是吃東西，還是治國理政，都是這個道理。

二十八 魚仙魚仙，好比神仙

魚頭豆腐是今天南方菜館流行的一道菜肴，尤其是到杭州的千島湖去，那個有機大魚頭不可不嘗。一般的說法是，當年乾隆皇帝下江南，途經杭州，微服私訪，不巧路遇暴雨，一時無法回行宮。久等不見雨止，饑寒交迫，尋得貧民屋中，求賜飯食。主人王小二家中清貧，無有好食相待，尋得魚頭一隻、豆腐一塊，合燒一碗。乾隆饑不擇食，吃得津津有味，由此成名。但諸葛先生知道，魚頭豆腐的來歷其實要早得多，此菜自宋室南遷定都臨安後，皇宮中就已列入菜譜。當然了，也跟一位皇帝有關。

要說此事，還得從南宋皇宮中說起。

話說宋高宗趙構甫到南方，一時不服南方水土，尤以飲食更是不慣。北方喜食大蒜大蔥，河南人尤其離不開大蒜，趙構也不例外，餐餐總要蒜泥下飯，菜肴也總以蒜為輔料，吃慣了蒜食。但南逃來得慌張，御廚們不曾帶得蒜食，而在臨安，號稱「市盈羅綺，戶列珠璣」，居然買不到大蒜！

原來，南方不興食蒜，大蒜口味太重，當時的臨安乃繁華之地、文人之邦，食蒜更是一大忌。而趙構無蒜酒飯不香，再加上他喜食魚類，無蒜燒魚腥味難除。這可真是苦了皇帝，也難為了御廚。

於是，御廚們苦苦思索，技術攻關，要尋解腥之佐料。他們走出宮門，來到鬧市，不經意間發現吃食攤上不少人圍著在買鹹菜滾豆腐，這是杭人喜歡的特色小吃「菜滷豆腐」。

御廚見大家吃得樂胃，也擠進攤去，買了一碗嘗嘗。誰料味道果然鮮美！御廚心想：何不用這鹹菜豆腐燒魚，說不定就能解除腥味。於是，就買了一些鹹菜、幾塊豆腐，回宮斬得一塊魚肉，燒了一碗出來，聞聞香味滿好，嘗嘗一點不腥，這一下可好了，技術難關攻克了，原來這麼簡單！

當然了，作為御廚總不能滿足於此，以前用蒜燒魚肉，而今不用蒜了，菜的花樣也得變化一番，否則勾不起皇帝的新鮮感，豈不是吃力不討好了。於是，御廚決定不用魚肉，改用魚頭。而魚呢，也特選那種頭特別大、佔到身子三分之一的鱅魚，也就是俗稱的包頭魚、胖頭魚。

南方的江河中特多鰱魚和鱅魚，鱅魚長得很像鰱魚，只不過顏色黑一點，頭特別大一點，所以，也叫花鰱。鰱魚身上最美味的在魚腹，而鱅魚最美味的就在魚頭。御廚們將大魚頭對半斬開，燒開油鍋，放入魚頭、豆腐和鹹菜，再加上醬油老酒。魚頭豆腐端上御桌，趙構果然吃得不亦樂乎。於是，南宋皇宮御膳房的一道御宴菜就這麼誕生了。

魚頭豆腐吃著吃著，還可以順帶玩個遊戲。

原來鱅魚的眼睛旁邊有一塊乙骨，這根魚骨長得像個駝峰，可以立於桌上，杭人習俗將它稱為「魚仙」。吃魚頭的時候剔出這塊「魚仙」骨頭，用筷子夾起，作勢讓「魚仙」遍嘗桌上諸菜，口中念念有詞：「魚仙魚仙，好比神仙，肉吃吃，菜吃吃……」然後拎起摔下，如此三下，如果魚仙骨頭能夠在桌上站住，則說明主人必能心想事成。

一次擲出即能站住，當然更好。據說趙構當年玩的時候，就是一次站住的。人家是真龍天子，魚仙也得給他面子。說來這本是杭人的民俗小玩意兒，但趙構心裡有太多需要求的東西，所以，每回吃魚頭豆腐，他都樂此不疲地玩起「魚仙」的遊戲，不過，他還真是心想事成的時候多。

吃貨寶典

燒魚頭豆腐時，很多人習慣將魚頭先在油鍋炸至發黃，再放入豆腐滾燒。如此做法，香味有餘，而魚頭偏老，嫩度不足。其實，魚頭豆腐的特色就在「鮮嫩」二字，所以，燒時切記別下油鍋。正確的做法是：先將鍋燒熱，放入適量油，待油七成熱時，放入薑片熬出薑汁，待油溫至冒煙時，放入魚頭，翻炒幾下即倒入滾水，放入豆腐。豆腐也最好在另外的滾水中先撈一下，除其豆腥味。等水再度開時，放鹽和老酒，再將魚頭翻動一下，讓其慢燉至豆腐略有收縮時，加入味精，盛入砂鍋，撒上蔥花即可。

二十九 清河郡王接駕用的是什麼菜？

宋高宗趙構吃膩了自家食堂——皇宮御膳房的飯菜，有一天很想到別人家裡去蹭飯，於是宣佈起駕，到清河郡王張俊家裡去！

清河郡王的王府在清河坊，今天你到杭州去遊玩，河坊街的仿宋一條街就是他們家。別看張俊現在跪在岳飛墓前一臉苦相，那個時候，他老人家其實還是岳飛的老長官，軍中勢力堪稱「大老虎」，在皇帝面前也大大的得寵，他的府第就是宋高宗讓臨安府拆遷了二百多戶人家給蓋起來的。

宋高宗去蹭飯當然不是一個人去，還帶了宰相秦檜等文武官員一共一百六十一人。這個蹭飯隊伍也真算龐大了，其中還包括宋高宗的宮廷女廚師劉娘子。據說這位劉娘子在趙構還沒有當皇帝之前就在他的藩王府做菜了，趙構想吃什麼菜，她就在案板上切配好，烹煮後進獻，趙構每次都十分滿意。

按照宋朝宮廷的規定，主管皇帝御食的官員叫尚食，只能由男人擔任，而且是個五品官。劉娘子身為女流，不能擔任此官，然而皇宮裡的人還是多稱她「尚食劉娘子」。這位劉娘子算是中國第一位著名的宮廷女廚師了。把這樣一位女御廚帶上，交流廚藝、互相學習的氣氛就十分濃厚了。

張俊不敢怠慢，豈只是不敢怠慢，簡直是視為無上榮光。他招待宋高宗一行的筵席也確實十分隆重，堪稱南宋餐飲之代表。南宋人周密不知怎麼搞到了張俊招待皇帝的菜單，在他的《武林舊事》第九卷裡詳細介紹了這份菜單。

據周密介紹，張俊招待高宗時先上果盤，後上菜肴。果盤依次是：水果八盤、乾果十二盤、縷金香藥十種、雕花蜜煎十二味、砌香鹹酸十二味、乾肉十盤。吃完後退席稍歇，再入座後又進時鮮水果八種。

吃完果點之後開始上菜。依序是十五盞下酒菜、八盤插食、十盤勸酒蜜餞、十味勸酒小菜、十盞對食、六色晚食。下酒菜、插食、勸酒菜大概相當於今天的冷盤小炒，對食是正菜，晚食是吃飯時的下飯菜。

十五盞下酒菜，每盞都是雙拼，也就等於是三十道菜，第一盞有花炊鵪子、荔枝白腰子；第二盞是孏房簽、三脆羹；第三盞是羊舌簽、萌芽肚胘……然後是沙魚膾、鱔魚炒鱟、螃蟹釀棖、鱘魚假蛤蜊、水母膾等等。怎麼樣？看得哈喇子直流吧？我在這兒就不一一細表了，反正你也看不懂，有興趣自己去找周密的《武林舊事》看。

這許多琳琅滿目的菜肴，有些已不詳其內容，當然就更不明其做法了，張俊家的廚師也沒有留下電話號碼、LINE，失傳也就只好失傳了。不過，從這份菜單上我們可以看出幾個有趣的事：

一是正餐之前先吃水果。從前我們習慣餐後吃水果，現在有新的營養學理論認為，餐前水果更科學。讀了這份菜單才知道，南宋時期人們已經這麼科學了。

二是冷盤菜增多。現在我們去餐館點菜，總是先點冷盤再點熱菜，這個習慣就始自宋朝，宋朝以前可沒有這麼講究。唐以前的冷盤多為臘脯食物，也就是今天吃的醬鴨、醃魚乾之類，這當然是古已有之的，《禮記》上說周天子就已經把脯臘乾肉作為筵席的珍品，並且設有「臘人」一官，專管醃臘之事。那時候的上菜叫做粗放模式，冷熱不分，一起上來，也不管腸胃吃不吃得消。到了宋朝，人們開始講究起來，先上冷盤佐酒，再上熱菜主食。而冷盤除了傳統的臘脯之外，更增加了冷凍菜、生食魚膾等品種，像張俊宴請高宗時所上的凍石首、凍蛤蝤、凍三色炙以及鱸魚膾、蚶子膾、淡菜膾都是當時著名的冷盤菜，還有一道水母膾，其實就是我們今天也經常吃的涼拌海蟄皮。

三是從這些菜名可見，在南宋的筵席上已經出現了大量的海鮮河鮮，這是上古所未有的現象，前文說過宋太祖請客也只有羊肉，哪有宋高宗那般的口福。這當然跟臨安地處南方，南宋偏安江南一隅的地理環境有關，吃海鮮的流行恐怕是從南宋開始。

這一趟，宋高宗吃得十分落胃。他還想在清河郡王府多嘗幾道美食，可是天一過午，張俊就請宦官催促高宗回宮。

張俊長了幾個腦袋竟敢對皇帝下逐客令？他是不是家底清空再也拿不出像樣的東西來招待皇帝了？其實是另有隱情。

宦官催了幾次，高宗這才微慼掃興地回宮去了。張俊恭送皇帝一行時，看到宰相秦大人拈鬚而笑。

第二天，有人問張俊了：「皇帝到你家來，人家請都請不到；陛下不言離去，你為什麼一再催促聖駕返回大內？」張俊答道：「我怎麼不想款待皇上呀？可皇上到秦相爺府都是過午就走的，我能不考慮這一點嗎？」他是怕秦檜不高興呢！

諸葛先生與俞兒也混跡在蹭飯的隊伍中，俞兒早已化身為劉娘子，諸葛先生只好委屈一下扮太監了。一頓飯吃出這麼多的講究，也讓先生大嘖其舌：中國的餐桌文化絕對不僅僅限於餐桌，你看張俊這廝，怕秦檜居然怕到這種程度，心思真不可不謂縝密！

○三十

南宋的火鍋涮的是兔肉

俞兒說過火鍋的起源跟蘇武有關，但蘇武畢竟是在人家那裡牧羊時學來的，所以，究其根源，恐怕還是從遊牧的馬背民族那來的。

從近世來看，吃火鍋的風氣就有點北風南漸。而今天的火鍋城裡，涮羊肉已經成了最流行的吃法。按照《清稗類鈔》裡的記載：「京師冬日，酒家沽飲，案輒有一小釜，沃湯其中，熾火於下，盤置雞魚羊豕之肉片，俾客自投之，俟熟而食。」說明起先的火鍋料不光只有羊肉，直到道光年間北京開出正陽樓，才開始專賣涮羊肉，東來順繼起，老闆丁德山從正陽樓裡挖來砧板名廚，在羊肉上大下功夫，專用蒙古西烏珠穆沁旗閹過的大尾巴綿羊，其羊肉雪白鮮嫩、肥而不膻、瘦而不柴，再經廚師加工，片薄如紙，終於壓過正陽樓，贏得了「涮肉何處好，東來順最佳」的美譽。

涮羊肉當然已經不稀奇了，但是，在南宋臨安（今杭州）的火鍋裡，涮的不是羊肉而是兔肉。不涮羊肉當然跟南宋時羊肉價格太貴有關，宋朝皇室來自中原北方，向來以吃羊肉為尚，但南渡杭州後，南方不像北方那樣牛羊遍地，物以稀為貴，羊肉供不應求，價格當然居高不下。一般人吃不起涮羊肉當然也在情理之中。而用涮兔肉代替涮羊肉更與一位南宋的名士有關。

這位名士姓林名洪，號可山，是福建泉州人氏。他博覽群書，學識淵博，卻性情恬淡，無意功名，對於美食倒是頗有研究，著有《山家清供》、《山家清事》等書，是研究宋代飲食烹飪的重要資料。

宋孝宗淳佑年間的一個冬天，林洪去武夷山拜訪著名的隱士至止師。快到仙掌峰時，天降大雪。峰迴路轉處，一隻野兔在岩間奔突，受滑滾下山來正好被林洪捕獲。兔肉細嫩味美，《詩經》中就有「有兔斯首，炮之燔之」的詩句，林洪當然不會放過，就拎著這天賜美味來到至止師的居處，要同主人一起美餐一頓。至止師隱居山中，兔子也是常吃的，他的烹飪方法就是在桌上放一個火爐，架上湯鍋，用酒、醬、椒、桂等做調料，把兔肉切成薄片，待鍋中湯沸，自己用筷子夾著肉片涮，再按各人口味蘸上不同的調味汁來吃。林洪按照至止師的說法烹食了這隻兔子，覺得這種吃法簡便易行，不僅可以滿足各人不同的口味，而且好友們共圍一爐，談笑風生，氣氛也特別溫馨。

過了若干年後，林洪來到京城臨安，便把這種吃法帶到了士大夫之間，一時間，涮兔肉便成為南宋火鍋的主流。林洪還把涮兔肉的烹煮方法記在《山家清供》裡，並將涮兔肉取了一個雅致的名字，叫「撥霞供」。

「撥霞供」不知怎麼又傳回到了北宋故地的河南，今天的河南豫菜中還有這道「撥霞供」的名菜，仍舊是以兔肉涮鍋。

吃兔肉其實跟吃羊肉一樣，也是遊牧狩獵民族的特長，像林洪那般守株待兔等候天賜美味是吃不到幾隻兔子的，不然，你再到武夷山去試試看。根據記載，著名的兔肉美饌也確實都是少數民族研發的，比如遼國的「兔胎羹」，元朝的「盤兔」，其中又以「盤兔」的名聲最響。所謂的「盤兔」，其實就是用羊血，再酌情加上羊尾、羊腰，先小煮再熟炒，放入麵條湯水，一鍋燉兔、羊的雜燴。

吃貨寶典

吃雞吃鴨時，人們一般會去掉其屁股，《內則》上說「食兔去尻」，吃兔子也一定要去掉屁股，因為它不利於身體。

三十一 肉骨頭和叫化雞

俞兒躺在一張湘妃榻上看一本《濟公的傳說》，嘴巴裡咯咯咯地笑出聲來，諸葛先生對於這位南宋怪僧的事蹟是頗為瞭解的，知道他也是一位吃貨朋友，所謂「酒肉穿腸過，佛祖心中留」，俞兒對他感興趣，莫非又有什麼發現？果然，在俞兒的紙牌裡，畫著一只荷葉包裹的叫化雞和幾塊同樣用荷葉包裹的肉骨頭。

肉骨頭和叫化雞自然是兩回事，但都可以歸之於濟公的發明，只不過，一個在無錫，一個在杭州。

話說南宋初年的一個冬日，濟公和尚來到了無錫。他搖著他那柄著名的破蒲扇遍遊了廟宇寺院後，已是大雪紛飛的年三十夜，人們都在家中團圓吃年夜飯了，濟公卻饑腸轆轆，便向街邊一家還開著門的熟肉店老闆討肉吃。熟肉店老闆陸阿福是個好心人，慷慨地送了他一大塊紅燒肉。

誰知道，和尚一口氣吃個淨光後，還伸手再要。陸阿福有些為難了，「剩下的肉我還要留著賣錢呢，都給你吃了，我賣什麼呀？」濟公卻厚顏不慚地說：「沒有肉麼，你就賣骨頭呀！」說罷，隨手從破蒲扇裡抽出幾根硬莖，叫陸阿福把這東西放在肉骨頭裡一起煮，說是一定能賣出好價錢。

陸阿福半信半疑，就按著濟公所說的辦法來燒肉骨頭，結果，這個鍋子裡的香氣飄滿整個無錫城，無錫人擋不住這誘惑，紛紛趕來排隊買他的肉骨頭。無錫肉骨頭一下子名揚天下，無錫城裡的熟肉店也很多都改行專做肉骨頭了，甚至還以城南城北為界，出現了南、北兩派的流派。南城的肉骨頭湯少汁濃；北城的肉骨頭湯多汁淡。後來，有人在城中的三鳳橋附近開了一家肉骨頭店，聘請了兩派的名師，融合兩派長處，獨創一格，並以三鳳橋地名為品牌，從此，三鳳橋肉骨頭便一統無錫肉骨頭的江湖。

而濟公和尚遊罷無錫，唱著「鞋兒破，帽兒破，身上的袈裟破」又溜達回了杭州，居然還跟一幫叫化子交上了朋友。有一天，一個流落街頭的老叫化子饑寒交迫，體力不支，昏倒在地。

眾叫化朋友為了搶救他，在露天拾柴燒起篝火給他取暖，又把乞討來的一隻母雞拿來，準備燒給老叫化子吃，給他充饑。但篝火是有了，卻沒有燒雞的鍋子。大家急得團團轉，再要乞討也不可能去討一只鍋子呀。

正在大家犯難之際，濟公和尚趿著破鞋笑嘻嘻地過來了，「不急，不急，不可著急！」他將破扇一搖，指揮大家因陋就簡，用地上的泥巴將雞渾身包塗起來，放在篝火上直接煨烤。待雞烤熟後，敲開泥團，不僅粘在泥巴上的雞毛隨至脫落乾淨，而且出乎意外的是，烤好的雞肉質鮮嫩，香味四溢。連街坊鄰居也都聞香起來，紛紛讚美這一別致的煨烤方法。

後來，這一泥烤技法被杭州的酒樓菜館引用而傳世，但由於戰亂，此菜一度在杭州失傳。

一九五二年，杭州樓外樓菜館的廚師對此菜進行研製和發掘，並在前人製作的基礎上，加以改進，選用具有地方特色的紹興「越雞」，而且需是未經生育的童子雞，經醃漬和在雞腹中填入大蔥肉絲等配料，然後用西湖荷葉及竹箬包紮，再在外面塗裹上一層紹興酒的酒罈泥，放在柴火上煨烤四小時，使荷葉的清香和雞肉的鮮香融為一體。

現在樓外樓的「叫化童雞」在賓客面前現場敲開泥團，拆開荷葉，使食客別有情趣，食之，雞肉酥嫩，香氣襲人，風味更佳。

吃貨寶典

無錫肉骨頭和杭州叫化雞，說到底就是一個土法炮製。「好肉出在骨頭邊」，骨頭邊上的肉最有吃頭，特別鮮美。同時，骨頭中含有豐富的鈣質，經常食用骨頭其實是一種補鈣的良方。叫化雞還有一種特別的吃法，那就是在雞上放一些花椒，把雞肉和花椒同時含在嘴裡，喝一口啤酒，味道特別爽！

三十二 三杯雞獻給文丞相

文天祥是在生火做飯的時候被元兵抓捕的。

西元一二七八年十二月，這位游擊司令率領殘餘部眾，在廣東海豐北面的五坡嶺埋鍋燒飯的時候，元兵突然湧入，他的手下驚慌失措，爭相逃散，而文天祥想要吞食冰片自殺，終於未能成功而被捕。在埋鍋造飯的時候被人偷襲，文天祥的命運也真夠苦的了。

其實，文天祥在蒙古鐵蹄踏進中原之前，一直過著錦衣玉食的奢華生活。他中過狀元，在南宋的京城臨安街頭騎著披紅掛彩的高頭白馬遊街，接受萬民歡呼，可謂是風光無限。用現代的話說，他是一位典型的高富帥，人長得英俊瀟灑，家裡又有錢。

因為不愁吃、不愁穿，再加上看不慣當朝的權貴宰相賈似道，在三十七歲的時候就遞交了內退報告，提前退休了。本來文天祥可以在家裡享受他優哉遊哉的幸福生活，每天山珍海味，當一個美食家也不錯。事實上，他還是一個能烹善庖的烹飪高手，在他的老家江西有一道名菜叫「文山肉丁」，就是文天祥創製的，在當地的名氣與「東坡肉」有得一拚。

但問題是樹欲靜而風不止，天下不安寧了，元朝大軍排山倒海地壓了過來，一路打到了臨安城下。朝廷發出了緊急求救信號，文狀元一直以天下為己任，當然不能坐視不管。於是，他迅速檢討了自己喜歡奢華生活的罪過，立馬將家財散盡，全部充當軍費，招起了一支萬人的民兵武裝，趕去臨安勤王。這名退休官員趕去報到的時候，正是很多在職官員悄悄脫下官袍腳底抹油的當口，南宋朝廷的孤兒寡母感動得一塌糊塗，仿佛撈到了一根救命稻草，馬上任命他為丞相，讓他擔綱起抗元大任。後面的故事，大家就知道了，南宋滅亡後，這位前朝的丞相仍在堅持著游擊戰，直到在五坡嶺上被捕。

諸葛先生是在看到一張畫著三杯雞的紙牌後想到文天祥的故事的，因為這三杯雞據說就跟文丞相有關。

三杯雞是地道的江西菜，但當然不可能是文天祥烹煮的，因為他已經在蒙古人的監獄裡了。話說文天祥關在大都（今北京）的牢中，一位江西的老婆婆得知文天祥即將被殺，就帶了一隻雞和一壺酒來獄中探望他。在一位獄卒老鄉的幫助下，老婆婆見到了文天祥。她把帶的雞收拾好切成塊，在瓦缽中倒上三杯米酒，用小火煨製。一個時辰後，兩人把雞肉端到文天祥面前，文丞相心懷亡國之恨吃完了這「最後的晚餐」，然後就吟誦下膾炙人口的千古絕唱《正氣歌》。

文天祥慷慨就義後，那位獄卒回到老家江西寧都後，每逢十二月初九文天祥祭日，必用這道菜祭奠他。後來，廚師將三杯酒改成一杯甜酒釀、一杯醬油、一杯豬油，而且用江西寧都特產的寧都黃雞做原料，盛器也用江西特產的白砂加釉陶缽，所以就叫「三杯雞」。

三杯雞的製作一般選用一斤半左右的嫩雞一隻，最好是黃嘴、黃爪、黃毛的三黃雞，宰殺洗淨剁成方塊，連同雞肫、雞肝一起裝入砂缽內，同時用八十克容量的杯子盛米酒、醬油和豬油各一杯，放上薑塊、蔥段，用炭火微火燉。蓋子不宜常開，每十分鐘翻動一次，以防燒焦結底。半個小時左右，滷汁濃稠了即可關掉火源，揀去蔥、薑，淋上少許麻油，連缽一起端上桌。這道菜的特點在雞塊金黃，色澤醬紅，甜中帶鹹，鹹中帶鮮，口味醇厚，咀嚼感強。「三杯雞」流傳到臺灣，也成了臺灣菜的代表性菜品。二〇〇八年北京奧運會時，它甚至被列入奧運主菜單，受到各國體育健兒的喜愛。

今天，你去江西的菜館點上一道三杯雞，如果還能背上一首文丞相的《正氣歌》，「天地有正氣，雜然賦流形……」估計老表就不收你錢了。

吃貨寶典

燒三杯雞用的米酒一定要甜味重一點的，加一些糖和白胡椒粉味道更佳。另外，三杯的做法也不限於雞肉，甲魚、豬肉、鴨肉、驢肉都可以這麼燒。

篇三

百鳥朝鳳：元明清食史簡說

元明清三代有兩朝是少數民族坐江山，外族入主有個好處就是文化交流，像元朝的蒙古軍隊曾經狂掃歐亞，因此元朝的飲食肴饌也十分龐雜，相容了世界各地的美食，清宮裡傳說的「滿漢全席」，無非也是一個融合。

與「滿漢全席」相比，蒙古的「詐馬宴」似乎已不太為人所知。《蒙古食譜》一書記載：「在蒙古族的歷史上，喜慶大典或隆重祭祀，都要擺放詐馬宴，它是蒙古族全羊席的一種。」其實，「詐馬」是波斯語「外衣」的音譯，有節日慶典和御賜服飾的意思，實際上是一種成因複雜的高規格宮廷統一著裝宴會，與宴者必須穿著一色的服裝，故而得名。

元明清三代的餐飲至此已經可以用「琳琅滿目」來形容。明清以後，漕運、海運都十分發達，各種異域食材也都進了中國人的餐桌。

朝廷對振興餐飲業也不遺餘力，明太祖朱元璋定都南京後，效仿南宋之法，由官府興建酒樓，當時的工部在京城建了十五座大酒樓，交給民間經營，然後賜錢給文武百官，讓他們用這些錢去酒樓飲樂。這種刺激消費的政策是唐宋所沒有的。

明清的烹飪技術也較前代有了長足的發展，菜肴製法已經有了炒、燉、熬、煎、炸、蒸、滷、熏、炙等現代通用的各種手法，中國傳統的「八大菜系」在這一時期已經形成，自成體系，而大擺宴席的飲食風俗也已經在民間蔚然成風，如《金瓶梅詞話》裡寫西門慶一家的大宴小宴，名目繁多，有壽宴、接風酒、全親酒、慶功酒、公宴酒、看燈酒、頭腦酒等等，並且出現了宴席的規格和等級，有「吃看大桌面」、「小插桌」、「靠山桌面」、「平頭桌面」等等，其中的「吃看大桌面」是指既可觀賞又可食用的豪華筵席。

明清時期的人們還十分注重飲食肴饌的時序性，今天的各種節令食俗，比如除夕包餃子、端午吃粽子、中秋吃月餅等，都是在這個時期定型成俗的。明神宗萬曆年間，宮中有一個叫劉若愚的太監，寫了二十四卷的《酌中志》，專門記錄明朝宮廷的十二個月飲食風俗：除夕吃餃子，個別餃子中包一個銀錢，吃到的人被認為來年一年吉利；大年初一，宮中通行吃「百事大吉盒兒」，盒內裝有柿餅、圓眼、栗子、紅棗等，還要吃驢頭肉，名曰「嚼鬼」；二月吃黍麵棗糕，以油煎之；三月吃燒筍鵝，吃涼糕，即糍巴；四月吃筍雞，吃白煮豬肉；五月吃粽子；六月伏天吃過水麵；立秋吃蓮蓬、蓮藕；七月吃鰣魚；八月吃蟹；中秋吃月餅；九月吃花糕，吃迎霜麻辣兔、菊花酒；十月吃牛乳、乳餅、奶皮；十一月、十二月多食肥厚濃重之肴，如醃豬蹄膀、灌腸、炙羊肉等，這種應時應景的食俗對今天生活的影響仍然是悠久和深遠的。

今天的人講究食補，人參、枸杞等補藥紛紛入饌，而這種做法也是從明清開始的，明朝的最末幾位皇帝驕奢淫逸、沉湎酒色，又篤信道家方士煉丹之說，講究藥補食療，頓頓離不開補藥入饌，像老人參燉雛雞、五味地黃煨豬腰、陳皮仔薑煲羊肉、枸杞杜仲氽鯉魚等等，真到了「有菜皆治病，無藥不成肴」的荒謬地步。

三十三 不讓烤鴨專美於前的燒鵝

鵝，鵝，鵝，曲項向天歌。
白毛浮綠水，紅掌撥清波。

得益於啟蒙教材的功勞，唐人駱賓王的這首《詠鵝》詩幾乎與李白的「床前明月光，疑是地上霜」一樣的婦孺皆知。

說起中國人對鵝的喜愛，首推晉代的大書法家王羲之，王羲之「鵝池」學書的故事也同樣是家喻戶曉。至於，吃鵝吃出了名，則是元代的另一位書畫大師倪瓚，倪雲林。

倪雲林是江蘇無錫人，擅長畫山水、竹石，而且多以水墨為之，與黃公望、王蒙、吳鎮並稱「元四家」。倪雲林家勢豪富，同時也是個著名的吃貨，鑽研起烹飪技藝來比研究書畫還來勁。因為他家中有一座以他的號命名的「雲林堂」，所以他就將自己撰寫的食譜編成了《雲林堂飲食制度集》，這本書收集了無錫一帶用魚、蝦、田螺、蚶子、蛤蜊等原料烹煮的五十多種菜品，其中尤以一道「雲林鵝」最負盛名。

「雲林鵝」這個名字不是倪雲林自己取的，就像「東坡肉」也不是蘇東坡自己叫開來的，花花轎子人抬人，名氣得由別人來捧。捧倪先生的是清朝乾隆年間的著名學者袁枚。

袁枚生在杭州、長在杭州，他的故居就在杭州的葵巷。四十歲後，他退隱於南京小倉山，築隨園，烹詩酒，過著以文會友、詩文唱和的悠閒日子，自號隨園主人。袁先生也是一位美食家，他在七十二歲以後整理寫成了一本烹飪專著，名叫《隨園食單》。這本書在中國歷代飲食理論專著中無疑是出類拔萃的，作為吃貨朋友，不可不知。袁枚在讀倪先生的書時發現書中記載了一種燒鵝的做法，非常奇特。第二天，便叫家廚如法炮製，吃後果然大加讚賞，於是就將此菜收錄進自己的《隨園食單》，並將此菜命名為「雲林鵝」。

為了滿足列位看官的好奇心、口腹欲，俞兒決定將「雲林鵝」的製作方法公諸於眾：

取鵝一隻，整洗乾淨後，瀝乾水分，用鹽、酒、花椒等調料在鵝身上裡裡外外多次擦勻，醃製一個小時，然後將蔥塞入鵝肚，要填實為止，再用蜂蜜拌酒塗其外部。在鍋裡放一大碗酒和一大碗水，用竹篾將鵝架在鍋中，不使鵝身近水，蓋上鍋蓋，大火將水燒開，然後改用文火慢煨。待鍋蓋冷卻後揭開鍋蓋，將鵝翻個身，再將鍋蓋封嚴，繼續用中到大火燒一刻鐘左右，熄火後不要立刻起鍋，燜上一頓飯的光景，然後拿出來，不但鵝已酥爛，湯也很鮮美。

其實，「雲林鵝」主要是靠水蒸汽及熱鍋產生的高溫「烘」熟的，這樣既不會將鵝燒焦，又保存了原汁原味，所以，好吃的東西往往都是功夫菜，得花功夫去燒。只是現代人哪有這麼多閒功夫去蒸鵝！即使偷得浮生半日閒，環境和炊具也不合宜。看來，想吃類似的滋味，只能乞靈於燜燒鍋了，只要運用得法，一樣好吃，今天的粵菜餐廳裡多有燒鵝供應，味道也很不錯。不過，粵菜餐廳裡的燒鵝是香港名菜，據說燒法出自浙江寧波，一向與北京烤鴨並稱，叫做「北有燕京烤鴨，南有寧波燒鵝」，已經沒倪雲林先生什麼事了。

俞兒剛剛解密完「雲林鵝」，諸葛先生卻大搖其頭：「不對，不對！」他將手中牌子亮出：「這明明畫的是一個女人抱著一隻鵝，莫不是倪雲林成了女人？」倪雲林當然不是女人，而畫上的這個女人要吃的也不是燒鵝，而是鵝掌。就像北京烤鴨配寧波燒鵝一樣，現代的小女生都喜歡吃溫州醬鴨舌，古代的貴婦人則喜歡吃後宮燉鵝掌。

鵝掌起先並不被人看重，還當是什麼下腳料，隨便對付。但人們很快發現，鵝掌是個好東西，它比雞爪、鴨掌都大，壯實脂肥，皮質柔韌，很有嚼勁，還富含膠質。古人曾經將鵝掌與駝峰並列，立馬身價百倍。而真正讓鵝掌成為好東西的，一個女人更是功不可沒。

這個女人說起來比倪雲林可早得多了，她是南北朝時北魏孝文帝的馮皇后。

馮皇后從做小姑娘起就特別喜歡吃鵝掌。不過，這個女孩最大的本事是善於將自己的愛好變成優勢，還沒有當上皇后之前，她在後宮做貴人，就滿有心計地精心烹煮了一款美味的鵝掌獻給孝文帝，吃得孝文帝肚子裡像長了饞蟲，一有空就跑到馮貴人那兒來吃鵝掌。吃著吃著，馮貴人就扳倒了所有對手當上了皇后。所以說，女人要俘虜男人的心，首先要俘虜男人的胃，這句話真是一點不差。

不過，馮皇后的鵝掌後來做得有點濫，她居然趁著孝文帝帶兵出去打仗，做起鵝掌給別人吃，而且這別人還是個太監！孝文帝知道了，不樂意了，回來立馬處死了那個太監高菩薩。菩薩是他的名字，當然不是真菩薩，看來也不是真太監。馮皇后倒是被放過一馬，判了個「死緩」，後來孝文帝死時下旨賜她自盡，免得她再做鵝掌給別人吃。

馮皇后只好哭哭啼啼地自盡了，而鵝掌卻在宮廷裡一路走紅。南宋高宗皇帝到清河郡王張俊家裡去「家訪」，張俊接待皇帝的就有一道「鵝肫掌湯齏」。相傳乾隆皇帝下江南，御廚也給他上了一道名為「鱗風托日」的鵝掌菜。而曹雪芹的祖父曹寅的詩裡曾有「百嗜不如雙蹠掌」之句，看來也是位吃鵝掌的行家。

鵝掌好吃，有人就想出變態的法子殘忍地烹煮。據《太平廣記》上記載：武則天的面首張易之曾經將活鵝放置在大鐵籠中，鐵籠中放醬、酒、醋等五味飲料，然後將籠子生炭火烤。鵝被烤得身燥口渴，只好不停地來回走動，狂飲盆裡的飲料，等到烤死，羽毛盡落、肉色變赤也就可以吃了，據說這個時候的鵝肉最鮮嫩可口。北宋的亡國之君宋徽宗也曾讓御廚將鵝放在塗滿調料的鐵板上慢慢加溫，直至鐵板烤紅，鵝掌燒好了，斬下裝盤上桌，據說那隻沒有了腳的鵝還活著。

這樣慘絕人寰的做法顯然與今天的動物保護理念格格不入，歐洲各國連殺條魚都要讓魚「無痛苦」「有尊嚴」地死亡，我們做文明吃貨，也不可做得太野蠻。你看看張易之、宋徽宗的下場，豈不也是報應！

吃貨寶典

家裡燒鵝難以燒熟，可以放幾片櫻桃葉子，肉就容易煮爛。但要提醒大家：鵝肉大發，有瘡有病之人不宜吃鵝肉。據說明朝大將徐達生一背瘡，明太祖朱元璋還特地賜給他一隻鵝，吃了馬上死翹翹。

三十四 紫蘇怎麼就成了韓系美女？

吃韓國燒烤時，烤盤裡總會配上幾片紫蘇葉，有的人吃不慣這味道。但據說韓國人特別喜歡用紫蘇配烤肉、烤魚，只有這樣吃，燒烤味道才地道。所以，很多人把紫蘇看作是韓國特有的植物，這其實是大錯特錯！

紫蘇在中國南北各省均有栽培，因其味道比較特殊，中國人吃的比較少。而在韓國，紫蘇葉幾乎家家都吃，就如同中國的「香菜」一樣，是調味、佐餐的美食。紫蘇的得名據說還是因為名醫華佗。他曾救治一名吃螃蟹中毒暈厥的少年。他所用的草藥顏色是紫色，又因它使少年死而復甦，所以就命名為「紫蘇」。而紫蘇也確實有治療食物中毒的功效，同時，它還可起到消除焦躁、穩定情緒的作用，所以，是一種很有營養價值的植物，難怪韓國人這麼鍾情於它。

其實，韓國人喜歡上紫蘇，最初也是受中國的影響。我們常說，日本受中國唐朝的影響很深，日本今天的許多建築都還保留著中國唐朝時期的特徵；而韓國則受中國明朝的影響很深，韓國的古代服裝就是明朝服飾的翻版。而在中國的明朝，就已經有紫蘇入菜的記載，那就是河南的歷史名菜：紫蘇肉。

明朝永樂年間，成祖的第三個兒子朱高燧被封為趙王，駐節彰德（今河南安陽）。朱高燧和他的二哥，漢王朱高煦都曾跟著朱棣在「靖難之役」中衝鋒陷陣，為他老子奪取皇位立下了汗馬功勞。這兩兄弟都看不起當太子的大哥朱高熾。朱高熾雖有仁德的名聲，但卻患有肥胖症，連走路都得人攙著，這樣的人怎麼能當皇帝呢？不就是生得早了點，年紀比自己長幾歲嗎？於是，漢王和趙王都不安份，圖謀起不軌來，沒想到明成祖朱棣卻是死心塌地扶持大兒子，兩兄弟的陰謀失敗後，朱高燧還被叫到京城去當面對質，幸虧大哥仁義，反而替三弟講情解脫，成祖總算沒有追究下去。但經過這麼一回折騰，回到河南封地的趙王，雄心也一落千丈，而且經常莫名焦躁，情緒也極不穩定。

趙王府內的一名侍妾十分聰慧，烹飪女紅無所不精。她知道趙王久居燕北，嗜食燒烤，便用豬肋條精心烹煮，其間還別出心裁地加上了具有鎮靜作用的紫蘇葉做佐料，上籠蒸透，再經油炸，配上大蔥段、甜麵醬、荷葉夾、片火燒，吃起來就仿佛是烤鴨一般的味道。趙王果然胃口大開，問起美食的名字，這名侍妾就隨口說了個「紫蘇肉」。從此，趙王就再也離不開這道紫蘇肉和這位紫蘇美女。要想俘虜男人的心，先得俘虜男人的胃，這話可是一點都不假。

宣德年間，趙王朱高燧病逝了，這道紫蘇肉卻在河南生了根，成了豫菜譜上的知名菜饌。後來製作此菜不再用上紫蘇葉，反正趙王也死了，用不著再鎮靜了，而菜名也改成了紫酥肉。

一九〇一年，慈禧和光緒經過辛丑事變從西安回鑾北京，為了表示悔過罪己的意思，曾有一條不成文的規定，即沿途州府的接待，「只送全席一桌，不送燒烤」。在滿漢宴席中，均以燒豬、烤鴨等燒烤為大菜，沒有燒烤的宴席還怎麼稱得上「全席」？沿途的地方官可真是抓破了頭皮。照標準上燒豬、烤鴨，又說你違反聖旨鋪張浪費；不上燒烤，又怎麼稱得上全席一桌？

當鑾駕抵達開封府時，皇差局的管廚突然腦門一亮，想到了河南名菜、有賽烤鴨之稱的紫酥肉。此菜端上去，受到隨扈大員慶親王和河南巡撫的褒獎，當即頒下賞銀，此菜也聲名大噪，一直流傳至今。

所以，諸葛先生請仔細看了，牌面上端菜的究竟是韓國美女還是中國美女？

吃貨寶典

紫酥肉製作方法如下：將豬肋條切成條，放在湯鍋內旺火煮透撈出，用蔥、薑、花椒、八角、精鹽、黃酒加水適量，浸醃兩個小時，上籠用旺火蒸成八成熟，取出晾涼。再用溫油（四、五分熱，最好是花生油）浸炸，約十分鐘後撈起，隨即在肉皮上抹上一層醋，然後用七、八分熟的油將肉皮炸酥，如此反覆數次，直到肉色呈棗紅色，皮呈柿黃色時，即可切食。上菜時外帶蔥段和甜麵醬，配食的味道更佳。

三十五 吃肉不見肉的蟠龍菜

俞兒給大家出了一道題目：什麼菜可以「吃肉不見肉」？一時間，諸位吃貨朋友眾說紛紜，有說饅頭有說水餃的，諸葛先生暗暗搖頭，一則饅頭水餃是點心不是菜，二則，一口咬下去，吃到了餡還不是見到肉了嗎？卻見一位湖北客人笑著打出一張牌：「吃肉不見肉，那是我們湖北的蟠龍菜！」

蟠龍菜是湖北省鐘祥市特有名菜佳餚，首創於明代湖廣安陸州（今鍾祥）興獻王（其子為後來的嘉靖皇帝）宮邸，其製作技藝已被列入「湖北省非物質文化遺產名錄」。湖北鍾祥地區的人們逢年過節、婚喪嫁娶都離不開這道傳統名菜，凡大宴必有「龍席」，因為當地的人們相信，這道菜可以給人帶來好運。

吃菜可以事關運程？這裡面究竟有什麼故事呢？據說，這跟嘉靖皇帝的發跡有關。

相傳，游龍戲鳳、荒唐一生的明武宗，也就是民間傳說頗多的正德皇帝駕崩，因為無子繼位，皇太后乃遵奉「兄終弟及」之祖訓，準備在武宗的堂兄弟中找一位繼任的皇帝。是立湖廣安陸州興獻王之子朱厚熜呢？還是立壽定王朱佑揞、汝安王朱佑椁呢？據說，朝廷當時三詔齊發，讓三位候選人「跑步比賽」，先到為君，後到為臣。

朱厚熜接到遺詔一悲一喜一驚。悲的是皇兄晏駕，啼泣號慟，表面文章總得做足；喜的是奉遺詔即將恭膺大統，君臨天下；而驚的是安陸州距京城三千多里，另兩位藩王的居住地距京城僅數百里，以三千之遙對數百之近，何以先到？

正當他手足無措之時，嚴嵩獻計分析道：壽定王、汝安王自以為路近無憂，必定會大張旗鼓，而各地官員為了能夠攀龍附鳳跟「準皇帝」搭上關係，也必定爭相迎送，小宴大宴地排過去，如此定會延宕。他教朱厚熜假扮欽犯，穩坐囚車，日夜兼程，既無人敢阻，亦無人應接，不過二十日便可到京都。

這番話聽得朱厚熜手舞足蹈，為了當皇帝，也不在乎臉面好看不好看了。忽然，他想到了坐囚車必吃那囚飯，囚糧粗食又何以下嚥？若不吃囚食，萬一被人看出破綻，或故意作奸，或中途加害，不僅帝位付諸東流，說不定身家性命都難保。此慮一出，舉坐皆驚，大家認識到此一步舉足輕重，不能不慎。經過磋商，於是給全城廚子下了一道諭令，命即刻進府連夜做出一種「吃肉不見肉」的菜肴，做得出來，重重有賞；若做不出來，滿門抄斬！全城二十多位名廚便於二更之內全部聚齊，盡數集於側宮廚廳之內，因關係全家人的身家性命，人人不敢馬虎，個個絞盡腦汁，怎奈題目太難，只有長歎短吁，眼看月過中天，時近四鼓，仍然沒有個頭緒。

廚子中有個叫詹多的紅案師傅新婚燕爾，忽遭這等禍事，正傷心不已。他的妻子見他久出不歸，怕他餓了，遂拿了幾個蒸紅薯讓他充饑。詹多正為做不出「吃肉不見肉」的菜肴而煩惱，哪有心思吃紅薯，兩人在推讓中把紅薯皮弄破了，露出了薯肉，詹多頓時眼睛一亮，有了辦法。於是他取白膘豬肉、精瘦肉與魚肉等分剁成肉泥，用食鹽、香蔥、生薑為佐料，用澱粉雞蛋調和均勻，再用紅薯皮包裹蒸熟，其形同紅薯，而實為肉肴，果然是「吃肉不見肉」了。

朱厚熜就靠著吃「紅薯」坐囚車，風雨兼程，一路快馬加鞭，終於捷足先登，坐上了金鑾寶殿，成了後來的嘉靖皇帝。不久，廚師詹多也奉旨進京，再對紅薯進行改良，做成了一尺半長，一寸半寬，七分半厚的圓筒，包裹的薯皮也換成了用蛋黃和食用紅色素調出的雞蛋皮，蒸熟後切成薄片，盤於碗中，紅黃相間，宛如龍形。嘉靖大為高興，欽定為「蟠龍御菜」，從此「蟠龍菜」就成了宮廷御宴上的一道「招牌菜」。因為此菜先卷後切，民間又俗稱「卷切」，人們在盤子裡將其擺放成龍形，所以又叫「盤龍菜」。

傳說自然只是傳說，正德皇帝駕崩時，嚴嵩正在南京的翰林院裡，還不認得嘉靖皇帝，怎麼可能替他出謀劃策？再說了，哪有皇帝登基這麼重大的人事安排會搞一齣「跑步進京」的兒戲？諸葛先生笑其無稽，但鍾祥的老百姓在津津有味地吃著蟠龍菜時，也津津樂道地寧信其有。現在，蟠龍菜的吃法在傳承中也不斷推陳出新，可蒸、煎、炒、餾，可做火鍋、下麵條、汆湯等。只要你到了鍾祥，這個嘉靖皇帝的龍興之地可謂是「無處不蟠龍」了。

而傳說還在繼續，據說，後來嘉靖皇帝的一位公主也別出心裁，要求做一道「吃魚不見魚」的菜，結果仍舊是湖北鍾祥的大廚們如法炮製，又搞出了一個「魚茸卷」，流傳到民間，與「蟠龍菜」一起成為「龍鳳呈祥」的兩道對菜。

吃貨寶典

製作蟠龍菜需將豬瘦肉剁成茸，而肉茸每次換水沉澱時，需浸泡半小時，直漂到呈現白色為止，再加入蛋清、精鹽、澱粉和清水等攪拌。用碗蒸時，碗內要抹油，盤卷成形，入籠時火要大，水要沸，籠滿氣。揭開蒸籠，雲蒸霞蔚，方見蟠龍。

三十六 「百鳥朝鳳」起先是威而鋼

早些年，大陸的名廚去臺灣獻藝，把漢代馬王堆的「養生方」食譜重現，其中有一道「杜仲炮金雀」很有意思，它是以溫補肝腎的杜仲與其他佐料，塞進強精聖品之一的禾花雀腹中，再用類似叫化雞的手法燜製而成。據說對於腎虛腰痛，甚至高血壓都有一定的助益。

用名貴中藥杜仲來炮製，當然身價立漲，其實，這樣的做法與江蘇武進的「黃雀塞肉」也沒有什麼兩樣，只是後者採用的是炸的手法而已。現今各地的小吃夜市中，也多有烤麻雀的攤子，處理乾淨的麻雀，或兩隻，或三隻，用竹籤串起，邊烤邊塗醬，烤到色呈焦黃、陣陣香氣竄出為止。此時配瓶啤酒，據說風味特佳。

「雀性極淫」，麻雀雖小，卻是鳥類中的「戰鬥機」，尤其是禾花雀，據說有「益陽道，補精髓」，一句話就是壯陽的功效。雖說麻雀這玩意兒不登大雅之堂，但喜歡吃麻雀的也大有人在。俞兒說到這裡，諸葛先生已經暗自在笑，看來，也是同道中人。此時，桌面上亮出的一張牌卻是一群麻雀掠空而起，旁邊一行小字叫「百鳥朝鳳」。

吃麻雀的歷史其實早在西周就開始了，那個時候叫「雛燒」。為什麼叫「雛燒」呢？鄭玄在《禮記・內則》中注釋得很明白：「雛，鳥之小者。燒熟，然後調和，故云雛燒。」據後人考證，當時吃「雛燒」用的都是叫化雞的做法，將小鳥全身連毛塗泥，入火中烤熟，剝去泥塊，調以五味，和肉而食。如此看來，今天小攤上的烤麻雀，倒是有些古風了。不過，這種古法事實上在中原地區曾經失傳，倒是飄洋過海去了日本，再從日本傳至臺灣，然後普及到各地夜市小攤。

兩、三隻麻雀一串當然算不得百鳥朝鳳，正宗的「百鳥朝鳳」可就神祕得多了。

據《明稗類鈔》記載：明代權相嚴嵩的兒子嚴世蕃官至工部左侍郎，無惡不作，而且飲啖極盡豪奢之能事。嚴世蕃姬妾眾多，而且荒淫成性，為了壯補身子，挖空心思製作了這道壯陽美饌，就叫「百鳥朝鳳」。此菜的做法是：取一百隻禾花雀的腦袋，塞入白鴿肚中蒸熟，雀腦與鴿腦蘊有奇香，不但挑逗味蕾，且能補精益髓。嚴世蕃就天天吃這玩意兒，戰鬥力果然大大提升——人家那是當威而鋼來吃的！

這道「國產威而鋼」的方子後來愈傳愈廣，再有人在鳥嘴裡銜冬蟲夏草，鴿身下鋪淫羊藿、巴戟天等壯陽草藥，反正怎麼補怎麼來，怎麼有錢怎麼花。其實，諸葛先生要贈大家一句話：「過猶不及」。戰鬥力再好，也經不起天天折騰；百鳥朝鳳再神奇，天天吃也要倒胃傷身。

「百鳥朝鳳」這道菜被正式記錄在冊是在清廷御膳的食譜裡，據說是乾隆皇帝為他母親祝壽時留下的。乾隆當然不可能叫他母親去吃「威而鋼」了，這道菜的做法也完全變了樣。

話說乾隆的母親鈕祜祿氏六十壽辰之際，乾隆為了慶賀皇太后大壽，特意建造了一座大報恩延壽寺，並在寺內舉行了隆重的祝壽儀式。祝壽那天，在一片「萬壽無疆」的歡呼聲中，舉行了一個放生儀式，寺裡掛出一百只鳥籠，每只鳥籠裡有一種鳥，各不相同。太后首先打開第一只鳥籠，放出第一隻鳥，接著由九十九位宮女同時打開鳥籠放出籠中之鳥。頓時，百鳥從樊籠中衝出，在宮苑間鳴啁，好似在向皇太后齊聲祝賀長命百歲。皇太后非常高興，乾隆也由此得到啟發，吩咐御廚仿此場面精製一道別出心裁的菜上壽筵宴席。當這道菜上桌時，皇太后聯想到白天的場景，果然萬分喜悅。從此，「百鳥朝鳳」又成了壽宴的佳餚。

今天杭州樓外樓就有這麼一道菜，它是用嫩母雞和鳥狀的水餃，擺出百鳥朝鳳的造型。這道菜並不難做，原料配製也簡單，一般人家擺壽宴，也可仿製表表孝心。

三十七 美廚娘董小宛的私房菜

正所謂「感時花濺淚，恨別鳥驚心」，諸葛先生看到俞兒對著一張紙牌偷偷抹淚，莫非俞兒也跟賈寶玉一樣惹了癡心？人家體會風月男女，當然要有一片癡情，妳是一吃貨，掉什麼眼淚？諸葛先生忍不住探頭一看，原來牌上畫的是一位絕世美女，下面一行小字寫著：董小宛的私房菜。怪不得俞兒也要為之動情。

儘管順治皇帝的出家與董小宛沒有史實上的關係，但由於清宮四大奇案的巨大民間影響力，董小宛在百姓心目中已經屬於謎一樣的女人。其實，董小宛屬於她自己，在秦淮八豔中她是一位最懂得生活的小資女人。

董小宛是南京人，本名白，一字青蓮，別號青蓮女史。她的名與字均因仰慕李白而起，而她本人竟也真是秦淮舊院女子中的一流人物。

當時，明末四公子之一的冒襄，冒辟疆富於才氣、風流倜儻，人稱「美少年」，是「復社」中的一位才子。董小宛一見傾心，於是，郎才女貌，譜寫了一曲亂世鴛鴦。冒、董兩人在鎮江遊焦山，觀看划船競渡，董小宛穿西洋布輕衫，薄如蟬翼，潔比雪豔，千萬人爭相圍觀，驚為天人下凡。

兩人於崇禎十二年初識，三年後由錢謙益出資，以三千金替小宛贖身，正式嫁給冒襄為妾。

小宛入江蘇如臯冒氏之門後，很會做小，對冒母、冒妻恭敬順從，服侍她們比婢女還要用心，深得她們的歡心。

小宛最令人折服的，是把瑣碎的日常生活過得浪漫美麗，饒有情致。她天性淡泊，不嗜好肥美甘甜的食物。用一小壺茶煮米飯，再佐以一兩碟水菜香豉，就是她的一餐。而冒辟疆喜歡吃甜食、海味和臘製熏製的食品。小宛深知先生的口味，經常研究食譜，看到哪裡有奇異的風味，就去訪求它的製作方法，用自己的慧心巧手做出來。

她為冒辟疆製作的美食鮮潔可口，花樣繁多，如釀飴為露，酒後用白瓷杯盛出幾十種花露，不要說用口品嘗，單那五色浮動，奇香四溢，就足以消渴解醒；現在人們常吃的走油肉，據說也是董小宛的發明，因此，它還有一個鮮為人知的名字叫「董肉」，這個菜名雖然有些唐突美人，但和「東坡肉」倒是相映成趣，抗清名將史可法就特別喜歡吃走油肉，盛讚「董肉」為「天下一絕」。

她首創了一種魚圓——灌蟹魚圓，此菜柔綿而有彈性，白嫩宛若凝脂，內孕蟹粉，色如琥珀，浮於清湯之中。另外，小宛還善於製作糖點，她在秦淮時曾用芝麻、炒麵、飴糖、松子、桃仁和麻油作為原料製成酥糖，切成長五分、寬三分、厚一分的方塊，這種酥糖外黃內酥，甜而不膩，人們稱為「董糖」，現在的揚州名點灌香董糖（也叫寸金董糖）、卷酥董糖（也叫芝麻酥糖），和如皋水明樓牌董糖都是名揚海內的土特產。

三百多年前，時任禮部侍郎的錢謙益就將「董菜」譽為「詩菜」，而董小宛的私房菜也確實是「菜中有詩，詩中有菜」，甚至連她的菜譜都是「詩訣」。比如「雨韭盤烹蛤，霜葵釜割鱔，生憎黃鰲賤，溺後白蝦鮮。」意思就是：選料要考究，烹蛤應擇雨後的韭菜，煮鱔要用霜打過的葵葉，黃鰲以小暑前打撈的最佳，白蝦要選清明後的才鮮美。

董小宛留下的名菜中有「蟹粉腰花」、「虎皮海參」、「菊花脆鱔」，食材都不是很名貴，但每樣做得都那麼精緻、富有詩意。董小宛最拿手的是燉製虎皮海參，小汁小芡，口味清鮮、醇和，吃在嘴裡，感覺滑軟細膩，爛中仍帶酥脆，到過冒家的客人無不交口稱讚。

冒辟疆在後來懷念董小宛的《影梅庵憶語》一書中，說自己一生的清福都在和小宛共同生活的九年中享盡了。只可惜，天不假人壽，二十七歲的絕世美人就乘風歸去。

因為死得太早，也為民間加工故事提供了便利。董小宛名聲之大，主要因為順治十七年皇貴妃董鄂氏薨，順治皇帝不僅輟朝五日，且追封董鄂氏為皇后，全年停止審罪判獄。於是舉國震驚，好事文人紛紛聚訟，揣測董小宛就是董鄂妃，她其實並沒有死，而是被掠入宮，冒家不敢聲張，佯為發喪。此後，又有順治為此事而出家的傳說，有《紅樓夢》中的林黛玉即董小宛的考證，故事就這麼愈傳愈廣，愈傳愈像真有那麼一回事了。

如今的江蘇如皋水繪園附近有許多餐館都打著「董菜」的招牌，遊人在懷古憑弔的同時，也不妨追思一下美人口味。

吃貨寶典

海參是生活在礁岩岸、泥沙海底的棘皮類動物，距今已有六億多年的歷史，以海底藻類和浮游生物為食。「其性溫補，足敵人參」，故名海參。海參全身長滿肉刺，廣布於世界各海洋中。中國海域出產可食用的海參就有二十多種，其中以黃海、渤海海域的刺參營養價值最高，大連的最好，山東次之。

三十八 滿漢全席只是一個傳說

聽說過，沒見過，更沒有人嘗過，那是什麼？那就是傳說中的滿漢全席。所以，當諸葛先生看到桌面上亮出的這張牌，畫著一頂清朝官帽套在一個磁帽筒上，磁筒上一行文字：滿漢全席只是一個傳說。他傻眼了。

所謂的滿漢全席，其實是老北京的相聲演員編的一大段「貫口」（注）詞，羅列了大量的菜名，名字就叫「報菜名」。其實，大清朝的宮廷筵席儘管登峰造極，但卻壓根兒沒有什麼「滿漢全席」。

根據肅慎先生的說法，這個「報菜名」是上世紀二〇年代北京的著名相聲演員萬人迷所創，這套「貫口」流傳下來，傳來傳去竟被訛傳為「滿漢全席」了，也就是大家聽相聲演員口若懸河地報菜名，過會兒耳癮，在意淫的想像中搓一頓根本就不存在的盛大飯局。

其實，清人入關之前，宮廷宴席非常簡單，露天鋪上獸皮，大家圍攏一起，席地而餐。入關後，開始講究皇家氣派，於是參照古制專設光祿寺卿，負責國宴事宜。而根據《大清會典》的記載，光祿寺排的筵席分滿席和漢席，唯獨沒有滿漢全席。滿席分六等，最高等級是每桌價銀八兩；漢席分五類，價銀略低於滿席。這兩種宴席都是分開的，就好比中菜和西菜不混合一樣。康熙在位期間，曾邀請全國七十歲以上的老人進京舉辦過三次幾千人參加的「千叟宴」，也都是分開進行，你選擇滿席就去滿席上吃，喜歡吃漢菜就上漢席。至於滿席和漢席都上哪些菜，這裡也不能一一羅列，感興趣的可以去看末代皇帝溥儀寫的書《我的前半生》，裡面有詳盡記載。

相聲演員口裡的「滿漢全席」，其實也就是借了滿席和漢席這兩個名字，說的並不是宮廷菜，而是揚州鹽商的大廚房筵席。揚州這個城市在今天已經算不上一線城市，但從隋唐以降的整個封建時代，它可真是個物欲橫流的花花世界，所謂「腰纏十萬貫，騎鶴下揚州」，尤其是揚州鹽商，個個富可敵國，生活上也是窮奢極欲。揚州鹽商的「大廚房」專為到揚州巡視的六司百官所辦，也就是官商勾結的產物。為了拉攏官員，鹽商們把滿席、漢席上的珍品集於一席，後來就成為大型豪華宴席的總稱。

從乾隆南巡以後，這類所謂的「滿漢全席」就由揚州發軔，並開始在各地流行，當然了，各地的菜單也不盡相同，但諸如清燉一品燕菜、南腿燉熊掌、紅扒大裙翅、乾燒大網鮑魚、燴蝴蝶海參、炒梅花鹿絲、烤乳豬等等，卻都是必備的，反正一句話：什麼貴就上什麼。而且，因為菜肴繁多，一頓不能竟餐，往往需分早、中、晚全日進行，甚至要分兩天吃完，多者可延長至三日才終席，就這麼活生生把一個大清朝給吃沒落了。

「食不厭精，膾不厭細」，孔老夫子也不反對，吃貨們就要在吃中吃出精緻、吃出文化來，但像這樣淪為饕餮之徒，諸葛先生還是暗暗搖頭。

還是讓滿漢全席永遠成為一種過去的傳說吧。

注——對口相聲的一種形式，要一口氣說出一連串名詞，有一氣呵成的感覺。

三十九 什麼東西可以叫佛祖跳牆？

俞兒又開始了新一輪的發牌，一位福建佬摸到一張牌，張牙舞爪興奮地高喊起來：「福壽全！福壽全！」諸葛先生以為他是要劃拳：「八匹馬呀，五魁手呀，福壽全呀！」搶過來一看，原來是畫著一罈「佛跳牆」的牌。「佛跳牆」在福建話裡就發「福壽全」的音，這也是這道菜在福建廣受歡迎、成為閩菜首席代表的原因之一。

佛跳牆這道福建首席名菜相傳源於清道光年間，正規的說法是由福州聚春園菜館老闆鄭春發研製出來的。鄭春發原是一位官員家的廚師，這道菜據說還是他從女主人那裡偷學來的。

話說光緒二十五年，福州官錢局一位官員宴請福建布政使周蓮。他為了巴結周蓮，令內眷親自主廚，用紹興酒罈裝雞、鴨、羊肉、豬肚、鴿蛋及海產等二十多種原、輔料，煨製而成。周蓮嘗後，問及菜名，該官員就臨時編了個討彩的說法叫「福壽全」，說是取「吉祥如意、福壽雙全」之意。周長官聽了大加讚賞。後來，官員家的廚師鄭春發學成烹煮此菜方法後加以改進，口味又青出於藍而勝於藍。

等到鄭春發辭掉家廚職務，開設「聚春園」菜館時，即以此菜轟動榕城。據說，有一次一批文人墨客來嘗此菜，當福壽全上席啟罈時，葷香四溢，其中一秀才心醉神迷，觸發詩興，當即漫口吟道：「罈啟葷香飄四鄰，佛聞棄禪跳牆來」。而在福州話中，「福壽全」與「佛跳牆」發音亦相同，於是，「佛跳牆」便成了此菜的正名。

但是，民間的說法也有不同的來源與出處。

有一種說法是，福建風俗新媳婦出嫁後的第三天要親自下廚露一手手藝，侍奉公婆。有位富家女，嬌生慣養，不習廚事，臨時抱佛腳向母親學習山珍海味各式菜肴的做法，臨上陣卻又慌了手腳，把燒製方法忘個精光，情急之間狗急跳牆，就把所有菜一股腦兒倒進一個紹酒罈子裡，蓋上荷葉，擱在灶頭。第二天濃香飄出，卻博得闔家連聲稱讚，這就是「十八個菜一鍋煮」的佛跳牆。

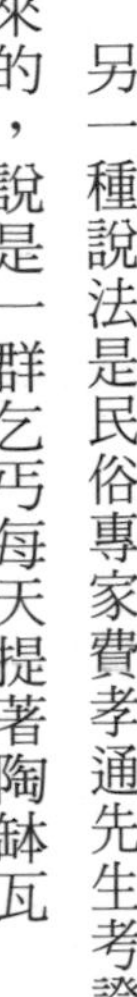

另一種說法是民俗專家費孝通先生考證出來的，說是一群乞丐每天提著陶鉢瓦罐四處討飯，把討來的各種殘羹剩菜倒在一起燒煮，熱氣騰騰，香味四溢。隔壁的和尚聞了，禁不住香味引誘，跳牆而出也來大快朵頤，所以叫佛跳牆。

佛跳牆富含營養，乃進補佳品。但製作這道美食工序十分繁瑣。佛跳牆的原料有十八種主料、十二種輔料，雞鴨、羊肘、鮑魚、海參、魚唇、犛牛皮

膠、杏鮑菇、蹄筋、花菇、墨魚、瑤柱、鵪鶉蛋等，要充分體現每一種食材的口味和特點，需要先將這十幾種食材分別獨立製作成一道菜，再彙聚到一起，加入高湯和紹興酒，文火煨製十幾個小時以上，這樣味道才能真正達到醇厚的特點。而佛跳牆的煨器也大有講究，多年來一直選用紹興酒罈，罈中有紹興名酒與食料相調合。煨佛跳牆講究儲香保味，食料裝罈後先用荷葉密封罈口，然後加蓋。連火種也需用質純無煙的炭火，當然現在已經很少有菜館這麼嚴格執行了。

佛跳牆最突出之處就是一個香字，你想，能夠叫佛祖聞香跳牆，那還了得！凡是吃過此菜的人都說，中國菜裡，論香，要首推它。佛跳牆名氣很大，幾乎所有的人都知道並且做過各種想像，但是真正吃過佛跳牆的人卻很少，博學如梁實秋先生也為吃不到正宗佛跳牆而遺憾。

一九六五年和一九八〇年分別在廣州南園和香港舉辦過佛跳牆烹煮大會，引起轟動，在世界各地掀起了佛跳牆熱。各地華僑開設的餐館，多用自稱正宗的佛跳牆菜招徠顧客，不過究竟有多少正宗就難說了。

佛跳牆還上過國宴，招待過柬埔寨施亞努親王、美國總統雷根和英國女王伊莉莎白等國家元首，相信他們吃到的應該是正宗了。只是正宗不正宗，老外恐怕也不太辨得出。

吃貨寶典

吃佛跳牆可以先去廚房驗明正身一下。真正的佛跳牆，在煨製過程中幾乎沒有香味冒出，煨成開罈之時，只需略略掀開荷葉，便有酒香撲鼻，直入心脾。而在廚房裡就香氣撲鼻的，其實已經出了氣，恐怕就是假貨了。

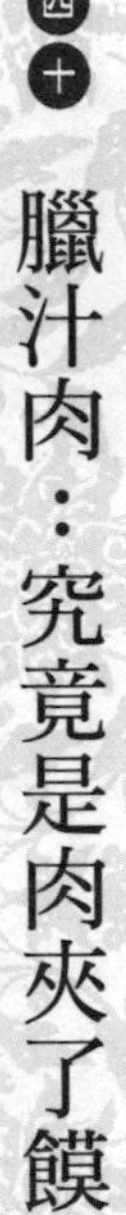

〇四十 臘汁肉：究竟是肉夾了饃還是饃夾了肉

諸葛先生發現俞兒這小姑娘也愛看書，而且讀的書也跟賈寶玉一樣都是些閒書、雜書，這會兒，她正捧著一本陝西大作家賈平凹的書看得津津有味，癡迷程度不亞於當年賈寶玉讀《西廂》。這麼想著，諸葛先生覺得賈寶玉讀《西廂》有林妹妹陪讀，她一個小姑娘的，豈能沒人陪讀？於是，也就自作多情地湊過去問：「看什麼呢？」俞兒倒也大方，反正讀的也不是禁書，給他一看，卻是一篇《陝西小吃小識錄》，說的是西安的臘汁肉。

臘汁肉諸葛先生是吃過的，它不同於乾臘肉，乾臘肉是用煙熏臘的；它也不同於一般的滷肉，滷肉是用滷法製作的肉，即用鹽水、五香料或醬油製成滷水，將肉放進滷水裡煮熟的。臘汁肉雖然也是煮著吃的，但卻不加薑蔥、料酒，也不用加糖來調色，只需用幾味中草藥及香料與肉同煮即可，這就是臘汁肉的奇妙之處。

諸葛先生在俞兒的那副牌裡也看到過臘汁肉的圖畫，當時也是垂涎三尺，而賈平凹還要勾人的饞欲：「食臘汁肉單吃可，下酒佐飯亦可，然真正欲領略其風味，最好配剛出爐的熱白吉饃夾著吃，這便是所謂『肉夾饃』。是饃夾了肉，偏稱肉夾了饃，賣主為了強調肉美，也便顧不得語言的規範了，奇怪的是這個明顯錯誤的名稱全體食用者皆承認，可見肉美的威力了。」

說起來臘汁肉的歷史可謂源遠，這西安古城的哪一樣東西歷史不悠遠啊？據說，《周禮》記載的傳說中的「八珍」，其中的「漬」，就是臘汁肉。而早在戰國時期，便以寒肉稱之，唐代謂之臘肉。看來，這一塊肉倒是滋養了華夏五千年的文明。而當下西安的臘汁肉公認以樊記所製作的最為出名。至於其由來，也有二說。

一說是清朝的時候，西安有一戶樊姓官宦人家，樂善好施。有一回鬧饑荒，樊家賑災救濟不遺餘力，還曾資助一位青年葬母安業。後來，這位青年經營臘汁肉得法，也逐漸富甲一方。他為了報答樊家的恩典，在得知樊府老太爺要準備壽材時，特地用上好木料打了一副棺材，並做好拿手的臘汁肉塞滿在棺材裡，密封了送到樊府。樊家收下後，放置在柴房，起初也不以為意，並沒有打開棺材去看過。若干年後，樊家家道中落，居然要靠變賣典當過活，想到去賣那口棺材時，打開棺蓋，就像「佛跳牆」一樣「罈啟葷香飄四鄰」，原來這陳年的上好臘汁肉都還完好不壞，這一下很快就轟動全城。

當然這故事屬於齊東野語當不得真的，任你是什麼肉，哪怕是放在冰箱冷凍室裡，若干年後也是吃不得的。

第二種說法就有理有據、有名有姓、有時間有沿革，可靠多了。說這樊記臘汁肉是由樊炳仁、樊鳳祥父子倆挑擔沿街叫賣開始做起來的，一九三五年他們在盧進士巷，也就是今天的蘆蕩巷口租了半間門面，解放後公私合營，就擴大了門面，後來也陸續開設了分店，一九八八年還榮獲國家商業部的「金鼎獎」。

臘汁肉所用的中草藥有甘松、山奈、蓽撥、良薑、砂仁、白蔻、白芷、肉桂、丁香等，這幾種藥料混雜在一起，除了能提供特殊香味外，還有健胃消食、潤肺理氣、散寒祛風、鎮痛化滯、通竅開胃等功效。賈平凹還講了一則故事：

有上海女子來西安，束腰節食要苗條不要命，在一家店鋪前躊躇半晌，饞涎欲滴卻不敢吃，店主明白，大口咬嚼，滿嘴流油，說：「我家經營臘汁肉三代，我每日吃六個肉夾饃吃過五十年，你瞧我胖不堆肉，瘦不露骨。」女子連走了八十家店鋪，見賣主個個幹練，相信人的廣告準確，遂大開牙戒。

吃貨寶典

臘汁肉肥而不膩，瘦則無渣是真的，最後一個故事是賈平凹講的，對熱衷減肥的女士僅供參考，概不負責。

四十一 頭碗菜步步高升

從前的筵席上菜次序很有規矩，末道菜大凡是一道魚，表示年年有餘，而這頭碗菜則各有各的不同，但討個好口彩則是相同的，如果到了湖南衡陽，頭碗菜上來足足有七層高，叫寶塔香腰，寓意步步高升。根據臺灣美食家朱振藩先生的記載，這道菜的發明跟湘軍的水師提督彭玉麟有關。

彭玉麟祖籍就是湖南衡陽人，人稱雪帥，與曾國藩、左宗棠並稱大清三傑。彭雪帥原本也是一個讀書人，與曾、左一個做官一個入幕不同，他在家鄉開了一家典當行。本來也就這麼太平過去了，沒想到太平軍起，搞得書生們也都投筆從戎，彭玉麟也拉起一支隊伍，在衡陽創辦湘軍水師。君山之役，他以奪取小姑山搶佔先機，最後大敗太平軍水師，一戰成名，時人賦詩讚譽：「彭郎奪得小姑還」。所以，這衡陽不僅是他的老家，也是他的發跡之地。這之後，他就步步高升，官至兩江總督兼南洋通商大臣，兵部尚書，封一等輕車都尉。而他自己也以「戎馬書生」自詡，不失讀書人的風雅與閒情。

有一次，他回到衡陽故里，在家設宴款待來訪的官吏仕紳。彭自奉節儉，不想鋪張，但又想盡一下桑梓之情，便囑照廚師製作一道能涵蓋衡陽地區特色菜肴和小吃的特色菜待客。

廚師心想，雪帥你是衡陽人，你喜歡吃的東西當然都是衡陽特色的，乾脆把你喜歡吃的都羅列上得了。於是，他便把主人平日愛吃的魚丸、蛋捲、黃雀肉，特別是豬腰子都一層層地疊放在碗內，形似寶塔，品相極佳，而且寓意也很好：步步高升節節高，祝大家官運亨通。

這道頭碗菜一上桌立刻博得滿堂喝彩，有客人問及菜名，彭玉麟正吃著豬腰，隨口答道：「寶塔香腰」。

諸葛先生從俞兒手中接過「寶塔香腰」的牌，左看右看都覺賞心悅目，此菜刀工精細，排列有序，層次井然，原料多樣，量多豐富，美食家朱振藩先生以為與徽菜中的「李鴻章雜燴」比起來，不遑多讓。

那麼，李鴻章雜燴又是怎麼回事？

雜燴是在海外頗享盛名的中國名菜，而在國內卻是再普通不過的家常菜。之所以這樣，是因為這道菜本身就是在國外創製，屬於「出口轉內銷」的，它是由李鴻章的家廚在美國所創，所以叫「李鴻章雜燴」。

李鴻章跟彭玉麟一樣，也是以鎮壓太平天國起家，他創建淮軍後，風頭後來居上，後來又創建了北洋水師，長期擔任直隸總督兼北洋大臣，掌管清朝政府的外交、軍事和經濟大權。

光緒二十二年（西元一八九六年），清朝政府派李鴻章去俄國參加尼古拉二世的加冕典禮，同時出訪美國。在美國，李鴻章有位老朋友，那就是美國第十八任總統格蘭特。當年，格蘭特卸任後曾帶著兒子環遊世界，到達天津時，李鴻章予以接待，雙方相談甚歡。格蘭特還應李鴻章的請求，勸說日本政府放棄吞併琉球群島的動議，所以，李鴻章甚為感激。只可惜，李鴻章此次訪美時，格蘭特已經離開人世，但格蘭特的兒子還是專門到碼頭迎接了李鴻章的到來。李鴻章也專門去拜謁了格蘭特的陵園，並手植一棵紀念樹。

為了增進中美友誼，李鴻章請格蘭特的兒子代為邀請美國朋友聚餐歡宴。李的隨行廚師做了豐盛的中國菜招待貴賓。沒想到，美國人一則對中國菜感到新奇，二則也確實胃口大，風捲殘雲後仍嫌不夠，李鴻章只得緊急通知廚房加菜。無奈廚房準備的正菜原料大多已經用完，廚師被逼急了，將配菜時剩下的海鮮、燕窩、火腿、雞絲等餘料統統下鍋混燒在一起端上了桌。客人們嘗後居然讚不絕口，誇獎之餘追問菜名。李鴻章想告訴他們叫「雜燴」，但他的安徽口音說出來就成了「雜碎」。所以，至今在美國的中餐館仍將其寫作「雜碎」（音譯：CHOP SUEY）

「雜碎」一出，在美國受歡迎的程度幾乎到了令人難以置信的地步。梁啟超後來訪問美國時，仍能強烈地感受到李鴻章帶來的「雜碎」旋風，僅紐約一地就開了三、四百家雜碎館。洋人原本寸步不入唐人街，但後來卻紛至遝來，為什麼？梁啟超說他們都是來吃「李鴻章雜碎」的。

一九六八年，泰國總理訪問美國，美國人知道他不習慣西餐，卻喜歡中國菜，於是白宮負責接待的官員特地到中國人開的皇后酒店訂了五十份雜碎。酒店老闆面帶難色地向白宮官員解釋，雜碎在中國屬於下等菜，上不了檯面的，不應該用此菜招待貴賓。但白宮官員也很任性，說雜碎是美國人公認的中國名菜，到時候媒體公布菜單，如果沒有這道菜，反倒覺得對不起貴賓了。

諸葛先生聽到這裡，想想好笑，同樣都是雜物拼盤，在中國就要取這麼好聽的名字，討這麼好的口彩「步步高升」；而在美國，人家卻喜歡叫得這麼直白：「雜碎」，這也算是中西文化的差異了。

當然了，今天去美國，雜碎已經不再吃香，因為世界交流日益頻繁，豐盛美味的中國佳餚已經讓美國人民智大開，見識了高檔的中國菜，自然不會再以「雜碎」當寶物了。

吃貨寶典

吃寶塔香腰，好些人不明究裡，以為光吃這道菜就吃飽了。其實這道菜是打頭陣的，你也不能七層寶塔都吃遍，動箸兩三層也就可以了，意味著你還能升，就像旅遊到了威海（山東半島最東端），「天盡頭」一般是不走過去的，否則，七層寶塔讓你爬完了，你還怎麼升？

四十二 常被寫錯字的宮保雞丁

諸葛先生傳授俞兒一個祕訣：要知道一家餐館老闆有沒有文化，只要看菜單上一道菜名的寫法。諸葛先生去一些街頭巷尾的小飯館吃飯，看到菜單上的「宮保雞丁」都寫作了「宮爆雞丁」，先生在心裡大呼：沒文化呀，沒文化。

其實，「宮保」這個詞是清朝人對巡撫、總督一級官員的尊稱。古代的官員經常被授予一些代表榮譽的虛銜，比如太師、太傅、太保、少保之類。當面稱呼巡撫大人，可以叫他「撫台」，也可以稱「宮保」，宮保更有古意而且也更尊崇。類似的還有軍機大臣，可以稱「中堂」，李鴻章就被稱為「李中堂」；袁世凱當過直隸總督，也被稱為「袁宮保」；而武將中司令官一級的可以稱「軍門」，鴉片戰爭中殉國的廣東水師提督關天培就叫「關軍門」。

宮保雞丁之所以叫宮保雞丁，是因為這道菜是原山東巡撫、後四川總督丁寶楨發明的，為了紀念丁宮保，就把它叫作了宮保雞丁。如果寫作「宮爆雞丁」就說不通了，你那油膩膩的廚房能叫「宮」？拿進油裡爆炒了一下，就叫「宮爆雞丁」了？好意思嗎？

所以，諸葛先生看到一位小夥伴亮出這張牌時，特地湊過去看了看這個菜名有沒有寫對。

話說，丁寶楨在山東巡撫任上幹的最大膽的一件事，就是按照大清祖訓，斬殺了私自出宮離京的慈禧駕前當紅大太監安德海。安德海長得俊俏，善於伺候，很得慈禧太后的寵愛。而安德海也恃寵而驕，甚至連同治皇帝都不放在眼裡。同治皇帝恨死了他，早想除之而後快，只是苦於無機會、無藉口。沒想到，這小安子自己找死來著，竟想出京風光，順便撈錢中飽。於是，以「奉旨」赴江南採辦龍袍的名義出京，沿途招搖，弄權納賄，騷擾地方。

一行人進入山東境內，山東巡撫丁寶楨偏不買他的帳，向他討看聖旨。安德海其實也就是玩心重，哪裡有什麼聖旨？這下可好，既是矯詔，又違反了太監不得出京的祖訓，丁撫台立刻翻臉不認人，將他們一網打盡，全數收監。剛巧慈禧生病，連日沒有上朝，在同治皇帝的裡應外合下，丁寶楨隨即將安德海就地正法。消息一傳出，朝野震動，中外欽服。而他這種謀定而後動、快刀斬亂麻的手法，也正是宮保雞丁燒得好吃的不二法門。

因為有老祖宗的規矩定在那裡，慈禧也不好對他怎麼樣，丁寶楨賺了個人氣爆棚，過了不久，就升任四川總督。

丁寶楨做官之餘，對烹飪也頗有研究，喜歡吃雞和花生米，尤其喜好辣味。據說，他小時候曾不慎落水，碰巧被橋邊一戶人家救起，為官後記起此事，遂前去感謝，那戶人家將雞丁、紅辣椒、花生米下鍋爆炒，做了這麼一道菜招待他。丁寶楨吃後覺得味道很好，就學回去了，在家裡也經常這麼燒來著。這道美味本來只是丁家的「私房菜」，但他在四川總督任上卻愈傳愈廣，盡人皆知，並且透過市場龐大的川菜館走向大江南北及海外，聲名遠播。

一般認為宮保雞丁正式創製是丁寶楨任四川總督之時，在蜀地創製並流傳開來，它應該屬於川菜系。但由於丁寶楨是貴州平遠州人，這種做法也是他家鄉的地道做法，所以宮保雞丁也可被認為是貴州菜系，即黔菜系。而在山東當巡撫的時候，私房菜其實也已經開始外流，於是，這麼一道菜，就有了山東、四川、貴州三種不一樣的做法。

宮保雞丁既是現在最普通的一道餐館菜肴，也是在國外最著名的一道中國名菜，一九八六年，中國首度參加盧森堡第五屆國際美食展覽及世界盃烹飪大賽時，即以此菜打頭陣，贏得滿堂喝彩。而這道菜從殺雞、燙雞去毛到切丁、炒製成菜，也有一個世界紀錄：二分八秒！創造這個紀錄的是三位貴州名廚。

吃貨寶典

宮保雞丁是一道快穩狠準的絕妙好菜，用旺火燒到油鍋煙直冒時，迅速入鍋翻炒，動作一定要快，雞丁肉色轉白，立刻倒入漏斗濾盡滾油。花生仁炸製時間也不宜過長，待顏色稍有變化即可。總之一句話：手段要快捷！吃宮保雞丁，最宜用濃香型的白酒搭配，啤酒其次。如果喝啤酒，可以從菜裡撮一兩粒花椒放在舌上，再大口喝啤酒，味道特別。

四十三 龍井蝦仁要好吃，茶葉很重要

俞兒見諸葛先生喝茶時，竟將喝到嘴裡的茶葉也嚼吧嚼吧地嚥下肚去，笑話不已。諸葛先生不以為意，說：「其實『老茶腔』都有這麼個習慣，茶葉不僅可嚼食，牙痛的時候，嚼些茶葉可以止痛消炎，茶葉還可以入饌當菜燒。」先生說著挽起袖子，變戲法似的抽出一張牌，亮開一看，正是杭州樓外樓的龍井蝦仁。

龍井蝦仁是選用鮮活大河蝦肉，經上漿，配以清明節前炒製的龍井新茶烹煮而成。此菜蝦仁玉白鮮嫩，茶葉碧綠清香，色澤雅麗，滋味獨特，是一道杭州傳統名菜。當年美國總統尼克森訪中，周恩來在樓外樓宴請他，上的就有這麼一道菜。

茶葉入饌，古已有之。據唐《茶賦》載，茶乃「滋飯蔬之精素，攻肉食之膻膩」。相傳，清末安徽的廚師就已在用「雀舌」、「鷹爪」等茶葉去炒河蝦仁了。臺灣的文學家兼美食家高陽先生在《古今食事》中也提到，說是光緒帝的老師翁同龢創製了龍井蝦仁。而在杭州的民間傳說中，卻是跟乾隆爺有關。

據說，有一天乾隆微服私訪，在杭州茶農家喝到一杯龍井新茶，深感清香可口，趁人不備，暗抓了些茶葉離去。後來在市內餐館用膳，叫店夥計用此泡茶。店夥計看到乾隆內著的龍袍外露一角，急忙告訴店主。店主正值烹調蝦仁，驚慌間竟把店夥計手中的茶葉當作蔥末撒到鍋內。想不到歪打正著，吃得乾隆連連點頭稱好。此後，這道菜肴便成了杭州名菜流傳至今。

西湖龍井茶以其「色綠、香郁、味甘、形美」四絕而著稱，在清代曾被列為朝廷貢品。古代食料八珍中有「雀舌」一味，這「雀舌」當然並非真的麻雀舌頭，而是用珍貴的明前龍井茶泡開，取其茶葉的嫩芽，形似雀舌。據說廚師創製龍井蝦仁，是受蘇東坡一首詞的啟發。

蘇東坡調到密州（今山東諸城）後，作《望江南・超然台作》詞懷念在杭州的歲月，詞的下半闕：「寒食後，酒醒卻諮嗟。休對故人思故國，且將新火試新茶，詩酒趁年華。」寒食節是為紀念春秋時的介之推而設立的，「介之推不言祿，祿亦弗及」，還被誤燒死在綿山，人們同情他的遭遇，所以舊時有寒食節不舉火的風俗，大家吃冷菜冷飯，所以叫寒食。而節後舉火稱新火。這個時候採摘的茶葉，正是「明前」茶（寒食後二日是清明節），屬龍井茶中的最佳品。

人們從蘇東坡的詞聯想到這個季節中的時鮮河蝦，以新火烹煮了「龍井蝦仁」，於是一道最能體現西湖秀麗韻味和杭菜特色風味的名菜就流傳下來。據說，杭州的天外天菜館是這道菜的發源地，而後來居上、最享盛名的當然還是在樓外樓了。

製作龍井蝦仁，選用的茶葉至關重要。杭州龍井茶產於杭州西湖附近的山中，以龍井村獅子峰所產最佳，稱「獅峰龍井」。從前杭州人講「獅、龍、雲、梅」，範圍由裡而外分別是獅子峰、龍井村、雲棲、梅家塢，這個範圍內產的茶葉才可以叫「西湖龍井」。採摘龍井茶葉可是細活，又頗費工夫。每年清明時節，採茶姑娘便在茶園忙個不停。採摘茶葉很講究，只採一個嫩芽的叫「蓮心」，採摘一芽一葉的叫「旗槍」（葉似旗，芽似槍）；一芽兩葉初展的叫「雀舌」；一芽三葉的叫「鷹爪」。蓮心當然最上品，雀舌以下已經不可取，單是旗槍也大有講究，要求槍長於旗，旗與槍的夾角不超過四十五度。

當然了，龍井蝦仁吃的主要還是蝦仁，所以這蝦仁也馬虎不得，宜選大鮮活的河蝦來剝取。剝蝦仁其實也是一門學問，不得其法，蝦仁易碎爛。早年揚州名廚莫有財發明了一個剝蝦法：先將蝦頭殼掀開，再將蝦背殼揭去，一手提蝦頭，一手捉蝦尾，雙手往中間一擠，蝦殼便自然脫下來。

這道菜不僅用料別出心裁，火候也必須掌握得恰到好處。製作時，廚師用油滑鍋再下熟豬油後，立即放入上過漿的蝦仁，約滑十五秒鐘，就倒入漏勺瀝去油，再同用沸水泡過的新茶一起下鍋，用料酒一噴，在火上一顛，就起鍋裝盤。功夫就是在這一轉眼中！

吃貨寶典

買龍井茶最怕店家以陳茶冒充新茶，除了聞香味外，還可以用手輕捏，陳茶一捏就碎，新茶不易捏碎。而剝蝦的竅門是，從蝦的頭部數，在第二節和第三節之間的關節開始剝，先剝蝦尾再剝蝦頭，就很容易把殼剝下來了，而且剝出來的蝦連蝦尾都是完整的。

四十四

夫妻肺片為什麼沒有肺？

諸葛先生見俞兒引著一位老外進來，老外從俞兒手裡抽了一張牌，畫的卻是一碗四川名菜「夫妻肺片」，諸葛先生暗暗叫苦，要壞事！要壞事！

壞就壞在翻譯上，英文的菜名上寫著「HUSBAND AND WIFE LUNG SLICE」，老外艱難地舉著筷子翻江倒海地在碗裡攪動，卻只見牛舌、牛肚、牛百葉等下水材料，獨獨找不到牛肺。老外大惑不解：「夫妻肺片為什麼沒有肺？」

眼看人家要告到消基會鬧出糾紛，諸葛先生連忙解釋這個「夫妻肺片」的來歷。

話說清朝末年，成都的街頭巷尾有許多挑擔、提籃叫賣「涼拌廢片」的小販。

所謂「廢片」，是因為雲貴川一帶的人過去對牛的五臟六腑都棄而不用，所以稱之為「廢」。而有人就用這些成本低廉的牛雜碎邊角料的「廢片」，通常以牛頭皮、牛心、牛舌、牛肚、牛肉為主料，進行滷製，而後切片。再配以辣椒油、花椒等輔料製成紅油，澆在上面拌食，風味別致，價廉物美，特別受到拉黃包車、腳夫和窮苦學生們的喜愛。

三〇年代，成都有一對擺小攤的夫婦，男叫郭朝華，女叫張田政，他們製作的涼拌廢片刀功精細講究，顏色金紅發亮，麻辣鮮香，風味獨特，很快就打響了名氣。再加之夫婦倆配合默契，一個製作，一個出售，小生意做得紅紅火火，一時顧客雲集，供不應求。

大獲利市後，他們開設了店面，擴大經營，但當時仍舊還叫「廢片」。說是廢片，但見牛肚白嫩如紙，牛舌淡紅如樺，牛頭皮透明微黃，再配以夫妻倆精心搭配的紅油、花椒、芝麻、香油、味精、上等的醬油和鮮嫩的芹菜等調料，用一大青瓷盤盛了端上桌，紅油重彩，顏色透亮；把箸入口，便覺麻辣鮮香、軟糯爽滑、脆筋柔糜、細嫩化渣。

公私合營後，郭氏夫婦的店併入了成都市飲食公司，公司覺得「廢片」二字不怎麼好聽，就將「廢」字改為同音的「肺」字，並註冊了「夫妻肺片」的商標，這就是成都這道名菜名字的由來。這道菜有牛舌、牛心、牛肚、牛頭皮，後來也開始加入牛肉，唯獨就是沒有牛肺，可偏偏又叫「肺片」，實是因緣巧合造成的名不副實。

經過諸葛先生這一番解釋，老外總算明白了，你們家賣的「熱狗」也不是狗呀！後來，他回去大加宣揚，這道「夫妻肺片」居然成了最為外國人所知的一道中國名菜。

二〇一七年五月，美國《GQ》雜誌發佈了餐飲品賞大師Brett Martin最新出爐的「美國二〇一七餐飲排行榜」，位於休士頓的「Pepper Twins」雙椒川菜館的招牌涼菜「夫妻肺片」榮登榜首，被評選為「年度開胃菜」，這道菜的英文名字也被翻譯成了「史密斯夫婦」（Mr. & Mrs. Smith）。

吃貨寶典

吃「夫妻肺片」，調味料要一次性放足，以免壓味，如果在調味料中加上滷水，味道會更地道。

四十五 陳包包的擔擔麵

諸葛先生懷疑俞兒是川妹子，因為每次點主食她都喜歡吃麵，而且要吃就吃擔擔麵。這不，桌上出了一張擔擔麵的牌，俞兒的眼睛都發亮了。

擔擔麵確實是四川筵席上最受歡迎的主食了，也是著名的成都小吃。它是用麵粉擀製成麵條，煮熟後，舀上炒製的豬肉末而成。麵條細薄，滷汁酥香，鹹鮮微辣，香氣撲鼻，十分入味。

根據《舌尖上的中國》考證，中國人吃麵條的歷史可以上溯到漢代，至今已有兩千多年的歷史。因為麵條要在湯水中煮熟，所以又叫「湯餅」。漢末大將軍何進的兒媳婦被曹操收用了，孫子何晏就成了曹操的假子。這位何晏長得面如敷粉，是位標準的帥哥。魏明帝有點嫉妒他的顏值，懷疑他是臉上擦了粉才這麼白，於是大熱天故意請他吃湯餅，這是歷史上關於麵條的最早記載。何晏吃得大汗淋漓，就用紅色的衣袖擦汗，結果，臉上白裡透紅更加容光煥發，可見帥哥的顏值是天生，而不是靠塗脂抹粉。

麵條除了叫湯餅外，還叫做「水引餅」。《齊民要術》中收錄了「水引」的條目，就是將筷子般粗的麵條壓成「韭葉」形狀，燒出「滑美殊常」的麵片。

麵條被正式稱作為麵條是在宋朝的時候，《夢粱錄》裡記載了南宋麵食的名稱，有絲雞麵、三鮮麵、魚桐皮麵、鹽煎麵、筍潑肉麵、銀絲冷淘等，《武林舊事》裡又記有大片鋪羊麵、炒鱔魚麵、卷魚麵、筍辣麵、筍菜淘麵等，從那個時候起，麵條就跟米飯一樣成了中國人的主食。

擔擔麵則是四川民間極為普遍且頗具特殊風味的著名小吃，常由小販挑擔敲梆沿街叫賣。擔擔麵的挑子上一頭置一個煤球爐子，上面還坐著一個鍋，裡面當然就是熱水；另一頭就是碗筷、調料和洗碗的水桶。然後就可以用扁擔挑在肩上，晃晃悠悠、顫顫巍巍的沿街遊走，邊走邊叫：「擔擔麵，擔擔麵。」

擔擔麵的由來說法不一，但川菜派系中的老師傅普遍認為，應該起源於川東。原因很簡單，川菜三大派系——上河幫（蓉派）、小河幫（鹽幫菜）、下河幫（渝派）各自用辣椒的方法不一樣，而擔擔麵中的辣椒用法是下河幫的用法。發明人則有一個很特別的名字，是一個叫陳包包的小攤販，發明時間經考證為鴉片戰爭打得火熱的一八四一年，發明地點則是陳包包的老家，出產井鹽聞名的自貢。

陳包包做出名後，賺了不少銀子，就開了個店面，升格為小老闆，而「擔擔麵」也升格為專用

名詞。這一味小吃傳入成都後，與遍城皆是的挑擔小販分庭抗禮，很快形成自己的局面。

成都的挑擔小販雖說串街走巷到處去得，但畢竟負重不能遠行，尤其是有水有火的擔子在肩，挑來得有技巧，吃虧也在走不遠，所以，小販們都有勢力範圍的劃分，不容他擔侵入。成都擔擔麵的特徵是用一盅銅鍋隔開兩格，一格煮麵，一格燉蹄膀。他們的勢力範圍在提督街，開店的多選在銅井巷。據說，有位四川老鄉在臺北開了家擔擔麵館，國民黨元老張群去吃了讚不絕口，說：「真像我們銅井巷的擔擔麵。」

現在重慶、成都、自貢等地的擔擔麵，多數已改為店鋪經營，但依舊保持原有特色，尤以成都的擔擔麵特色最濃。

吃貨寶典

擔擔麵好吃的祕訣是配料的豐富。四川廚師的高明，高在用味來刺激你的味蕾，用味來吸引你的食欲；四川廚師的精妙，妙在可以把很多調味原料組合在一起，一味襯托另一味，一味更比一味好。除了放鹽、味精、醬油、醋、辣椒油、香油、碎米芽菜、蔥花和花生碎末、芝麻粉外，還可以放點芹菜，味道也很不錯。提醒：提味還要適量放點白糖。但可以不用放麻醬，麻醬放多了有點奪味。

四十六 包出好滋味的紙包雞

早些年，香港有一部感動很多人的動畫片叫《麥兜的故事》，麥兜的單親媽媽為了麥兜的營養去學料理，學做的一道菜就叫「紙包雞」，廣東話「紙包雞」、「雞包紙」聽起來都差不多，麥太也繞來繞去的跟兒子解釋個不清。諸葛先生還記得那動畫片的情景，沒想到俞兒的牌裡居然也有麥兜的形象，說的當然就是這道「紙包雞」了。

中國當代文化學者肖健為紙包雞作文化定位，認定紙包雞是廣式滷味的代表作。但紙包雞其實並不是粵菜的做法，它是廣西梧州地區的首席名菜，由梧州市北山腳下同園環翠樓的主廚官良，於一九二三年創製出來的。

環翠樓是一個專門接待豪門富戶的大酒樓，以不斷變換菜式來抓住老主顧的口胃。一天，一個出手闊綽的財主登門，要求在第二天便能嘗到一款滋味絕佳且與眾不同的雞肴。

酒樓接下生意後，官良開始苦思冥想，雞這種食材實在是太普通不過，無雞不成宴，在各大菜系中雞的做法也都已經試遍，怎麼樣才能做出一款與眾不同的雞肴呢？官良這個人不僅是位大廚，而且還滿有文化的，他記得曾經在文獻記載中看到過秦末漢初南粵割據政權趙佗，曾經向漢高祖進貢過一款紙包雞。但這兩千多年前的書上記載也只得了這麼一個新奇的名字，至於怎麼做的，古人顯然不會替你記錄下來。日本料理中倒有用玉扣紙（竹紙）盛菜的做法，莫非這也是徐福渡海東瀛帶過去的？不管怎麼樣，先用了再說。

官良於是選用了農家散養的三黃雞為原料，配以老抽醬油、薑汁、八角、茴香、陳皮、草果、紅穀米、古月粉等調味料及蔥白粒醃製，綴以少量白酒，醃製拌勻後，用先行炸過的玉扣紙將雞塊逐件包裹成荷花狀，再用六分熱的純花生油入鍋，以文火浸炸，待其冒氣，漂上油面後，撈出裝盤。這個獨創的隔紙浸炸烹飪法，鎖住了雞肉及調味料原有的味道，能夠保持雞肉的鮮嫩甘滑、醇厚不膩，色澤金黃、氣味芳香。

財主赴宴後，聽著名字就覺新奇，打開包紙，更是香飄滿席，金黃悅目，入口軟滑。財主當然是大大歡喜，打賞特豐。從此，紙包雞就成了環翠樓的鎮店名菜，只能在高檔筵席中才能嘗到。

後來，官良又應聘去了廣東某大酒樓，改成以去頭、去頸、去爪的全雞製作，並且開始走平民化路線，還可以單點外賣。由於菜式新奇，口味獨特，菜名也不脛而走。當時返鄉的華僑都喜歡帶上此菜回去給家人品嘗，紙包雞因此也在港、澳、馬、南洋等地大享盛譽，甚至流傳著「食在嶺南，不能不嘗紙包雞」的說法。

二〇一六年，「梧州紙包雞製作技藝」項目入選廣西壯族自治區非物質文化遺產名錄，申報和保護單位為新粵西樓，所以，去廣西梧州，別忘了找這家新粵西樓，管保正宗。

吃貨寶典

紙包雞用料大有講究，雞最好選用廣西賀縣、信都出產的骨細平胸肉厚肥嫩的三黃雞，方能得其精髓；而紙則以福建長汀出產、用竹筍製作的玉扣紙最好，紙薄卻有韌性，無一點異味。缺乏這些原料，做出來的紙包雞恐怕也都跟麥太一樣，只能騙騙麥兜了。

四十七 名人餐桌上的鴨饌

翻牌遊戲繼續中，諸葛先生看到俞兒手裡的牌已經不多了，一位赳赳武夫模樣的人大咧咧地上前摸了一張牌，臨翻牌時還順手摸了一下嘴巴，好像很享受的樣子。這張牌中藏著本書最富情節性的一個章節，上頭畫的是一幅清燉肥鴨。

中國的鴨饌名菜非常多，北京烤鴨；南京板鴨；四川神仙鴨、蟲草鴨；山西的燜爐烤鴨；臺灣的東門當歸鴨、八珍扒鴨、陳皮鴨、薑母鴨等等。北京烤鴨源自南京，明成祖朱棣遷都北京，把南京那套烤鴨技藝也帶到了北京發揚光大，所以烤鴨剛進京時，叫的是「金陵片皮烤鴨」。而烤鴨的製作方法也演化出明爐、暗爐、叉烤等幾種。

北京烤鴨的推廣與普及歸功於明永樂年間創辦的「便宜坊」的燜爐烤鴨，到了清朝，北京前門的全聚德更是以經營掛爐烤鴨而聞名。一百五十多年前，楊全仁由河北逃荒到北京後，先在前門肉市做生雞生鴨買賣，等積攢了一些資本後，盤下肉市中一家瀕臨倒閉的乾果店，開了個烤爐鋪，重立新字號，名為「全聚德」。經過楊全仁苦心經營，無論一百多年來怎樣的變化，「全聚德」始終風雨不倒，生意愈做愈興旺，名氣也愈來愈大。

人們去全聚德吃烤鴨，最垂涎的是那張油亮酥脆的烤鴨皮，蘸上甜麵醬，與大蔥和荷葉餅夾食，一咬流油，愈嚼愈有味，享受那酥香爽糯的快感。當然了，這種吃法，男士固然快意，女士們可有些消受不了，二〇年代的民國淑媛便流行將烤鴨皮直接蘸白糖吃，所以，今天去全聚德也可以不要他們的大蔥麵餅，直接要一碟白糖相伴，細品其酥脆香甜的口感。

說到吃鴨，烤鴨畢竟不是家常做得的，大家平時吃的較多的還是燉鴨之類。估計是老鴨既有滋味又有營養功效吧。從宋朝的皇帝開始，直到清朝的乾隆、慈禧，民國的袁世凱以及國民黨大老孔祥熙、吳稚暉、于右任等，都特別喜歡吃鴨子。孔祥熙和吳稚暉喜歡沙參燉老鴨湯，吳稚暉每兩天必吃一隻鴨子，否則就精神不爽；而于右任則喜歡藥膳芡實燉老鴨，用以止渴利腎，利水健脾。在諸多食鴨愛好者中，又以袁世凱最著名。

袁世凱是個武夫，對吃原本不是很講究，但他跟吃其實也十分有緣。據說，當年袁世凱就是靠著一道菜上位的。

袁世凱曾經在李鴻章手下，有一次兩人攀談時，李鴻章說起慈禧太后十分喜愛吃腐乳肉，但偌大的北京城就是沒人能做得好，袁世凱聽了後，立馬回到河南老家找了位名廚舉薦給慈禧。慈禧吃後，果然十分高興，袁世凱於是也入了慈禧的法眼，步步高升，一直做到北洋大臣、直隸總督。

袁世凱行伍出身，軍人對自己要求很嚴厲，尤其是生活規則，袁世凱也不例外。他每天清晨六點必定起床。一番簡單洗漱後，就吃早餐，他所用的碗、筷、碟，都比其他人用的大些、長些，因為他奉行「能吃才能幹」的信條，常把「要幹大事，沒有飯量可不行」掛在嘴邊，自己飯量奇大，每天早餐除了吃麵，還要吃一大盤饅頭、雞蛋，要配上咖啡或茶一大杯，餅乾數片。

袁世凱家所吃的菜，不光經久不變，並且擺的方位也從不變換，桌子中間的大菜必定是一鴨子。據說這也是受了慈禧的影響。他吃菜有個標準：凡是慈禧喜歡的，袁世凱都喜歡。慈禧喜歡吃鴨子，袁世凱也是每餐都必須有鴨。

清人徐珂的《清稗類鈔》記載：「袁慰亭（袁世凱的字）喜食填鴨，而飼之法，以鹿茸搗碎拌以高粱餵食。」鴨子要選取「禽屬之善生者，雄鴨是也。爛煮老雄鴨，功效比參芪。諸禽尚雌，唯鴨尚雄；諸禽尚幼，唯鴨尚老。雄鴨為福，滋味如一。」

北京以鴨饌聞名，某種程度上得益於北京的鴨種。北京鴨據考鴨種源於熱河，乃帝王遊獵時偶得純白之野鴨，以為吉祥之兆。因此選而飼之，令其繁殖。今天北京玉泉山養的白鴨一直都用填鴨法催食。填鴨法有點類似今天的養雞場二十四小時燈火通明不停餵食一樣，應該說是極其殘酷的，就是把飼料搓成棒形，掰開鴨嘴強行塞入，還要使勁地捋鴨脖子，填滿了就趕著牠走，不讓鴨子休息，一日三次，不數日鴨子就可以長得肥大。

由於中國人重食鴨皮，故需填鴨，才能體大皮薄油少肉厚，號稱「肥美異常」。《京都瑣記》曾記其事，稱「北方善填鴨，有至八九斤者」，且「筵席必有填鴨」、「席中必以全鴨為主」。可見，袁世凱喜歡吃鴨子，以鴨為主菜，也是清末民初的一種風尚。

袁世凱喜歡的清宮美食是「清燉肥鴨」，這道菜是由慈禧鍾愛的「糯米八寶鴨子」改進而來的。《玉香縹緲錄》記載：「清燉肥鴨便是太后所喜歡吃的一道菜，鴨子去毛，去內臟，洗淨，然後再加調味品，把它來裝到一個瓷罐子裡，再把瓷罐子裝到盛了一半水的坩鍋內，文火蒸著，一連蒸三天，鴨子便酥了，酥到只需要用筷子輕輕一夾，就分開了。」

而袁世凱的吃法有些區別：在清燉肥鴨的基礎上，結合糯米八寶鴨的做法，在鴨肚子中釀入糯米、火腿、酒、薑汁、香菌、大頭菜、筍丁等，然後再隔水蒸。慈禧的做法是用清水蒸，但袁世凱是用雞湯來蒸，也是蒸三天，雞的味道也能慢慢地融入鴨中。

袁世凱用一個當時的時髦詞「共和」來形容這樣的做法，而從美食的角度來看，袁世凱的創新確實也值得肯定。

就像全聚德的烤鴨重在鴨皮，這道清燉肥鴨的精華據說也在鴨皮上，袁世凱和慈禧一樣，最愛吃清蒸鴨子的皮。用象牙筷子把鴨皮一拉，三卷兩卷，整個鴨皮就扒了下來，袁世凱大口嚼著，發出吧唧吧唧的聲音。

看袁世凱吃得這麼津津有味，他的家人，尤其是兩個兒子卻有些心慌。袁世凱在吃飯時正襟危坐，從不談笑風生，並且還常常給兒子們夾菜，要求兒子們多吃，不吃還不高興。

一次，袁克文陪袁世凱吃飯時，分明已吃飽了，父親還夾來一個熱騰騰的大饅頭。袁克文又不敢回絕，接過來後，假裝在吃，其實是悄然藏在衣袖裡。由於饅頭太熱，結果將手臂燙傷了好幾處。饅頭還好藏，如果是夾過來一塊鴨皮，汁水淋淋的可往哪兒藏？

吃貨寶典

鴨子全身都是寶，片鴨後的鴨架子加入大白菜、寬粉條、凍豆腐，熬上一鍋上好的湯，梁實秋還喜歡加打滷麵，「其味之美，無與倫比。」比全聚德歷史更早且同享盛名的「便宜坊」，以烹煮鴨子的各種雜件著名，燴鴨腰、炸鴨胗、滷鴨膀、炒鴨心都是叫座菜，而今天各地的飯桌上，一道溫州鴨舌也是冷盤中的佼佼者。鴨蛋比雞蛋更有營養，而且連鴨血也不可輕易扔掉，鴨血味鹹性冷，能解各種藥物之毒。

四十八 廣西出蛇，廣東人吃

「秋風起兮，三蛇肥矣。」

每到金風送爽的時節，廣東就會出現這樣的廣告，蛇店和菜館競相以蛇肉、蛇湯、蛇羹為號召，招徠各方吃貨朋友。

粵菜中有蛇饌的傳統。廣東人喜歡吃蛇，尤其喜歡吃廣西出產的蛇，講究的是「生猛、腥鮮」，認為愈毒的蛇就愈鮮美、愈滋補。廣東有所謂的蛇行，一到秋天，蛇行的捕蛇專家就結夥進山捕蛇了，一如當年柳宗元寫的《捕蛇者說》。

在各種長蛇中，廣東人最喜歡吃這幾種，據說各有不同的滋補功效：

一是飯鏟頭，也就是眼鏡蛇，據說有補腎補腰的功效；

二是金腳帶，也就是黑黃兩色寬度相間的金環蛇，有補血、補氣、補筋的功效；三是過樹榕，也就是灰鼠蛇，有強身、補腳、補力的功效。

這三種蛇稱為「三蛇」，再加上貫中蛇，就可以稱全蛇宴了。貫中蛇有拇指粗，二尺多長，最為珍貴，有驅走全身風濕的功效，在兩廣潮濕的地域，也最受歡迎，一條貫中蛇的價格等於三蛇之和。而這幾種毒蛇，都是廣西十萬大山的特產。

蛇行把捕來的蛇賣給菜館，而菜館則以三蛇宴、五蛇宴（「三蛇」加上銀環蛇、白花蛇）、全蛇宴招徠進補的客人。

不過三蛇也好，五蛇也好，整段上桌，看上去總有些惡形惡狀，影響食欲，因此，廚師多半要把蛇拆去骨頭，將肉撕成極細的絲，加上菊花瓣、檸檬絲，再配以雞絲、鮑魚絲、木耳等佐料，燒成半湯半料的羹，裝在精美的器皿中才端上餐桌。

從前，廣州有一家專做蛇宴的百年老店叫「蛇王滿」，它的全蛇宴堪稱盛事。被邀請來吃全蛇宴的客人，據說都得攜帶換洗的內衣褲來赴宴。主客面前會放一杯烈酒，一般都是上好的白酒或者是白蘭地，大家坐定，堂倌便將飯鏟頭、金腳帶、過樹榕和貫中蛇四條活蛇捉來讓大家驗明正身，然後捧來四條蛇的蛇膽，用針逐一扎破，每只膽在客人酒杯裡各滴下一滴，最後輪到主人，每只膽要不多不少各滴下兩滴，於是大家鼓掌舉杯向主人致謝，主人此時也要給堂倌小費犒賞。

蛇膽有活血、生津、開胃、驅濕、明目的功效，是全蛇宴裡的重頭戲，如果你不會喝酒，吃不了蛇膽，那麼，這個全蛇宴就是白赴了。

接下來的全桌酒席，不論煎炒烹炸湯羹，每道菜裡都少不了蛇肉，儘管放心大啖。吃完全蛇宴後，主人照例要請大家到澡堂子裡洗澡。吃了人家的全蛇宴，此時就不便推辭了，因為這是驗證全蛇宴功效的時刻了。眾人解衣下池時，只見腋下腿彎都有黃色汗漬滲出，據說這就是蛇宴把體內的風濕都給逼出來了。

「蛇王滿」已經關門歇業。不過，廣東番禺又開了一家榕記蛇餐廳，倒有些傳承的味道。

廣東人吃蛇還喜歡把果子狸同煮，稱為「龍虎鬥」。不過，經歷了二〇〇三年的「SARS」之後，果子狸是再也沒有人敢吃了。

吃貨寶典

吃蛇一定要待秋風起，農曆四月不宜吃蛇，非但不補還對身體有害。這是百歲老人告訴朱元璋的祕密，不知道為什麼，就這麼傳話給大家，反正你也不是頓頓要吃蛇，等到秋天有何不可？

四十九

多謝石家鮰肺湯

喝鮰肺湯一定要去蘇州木瀆。木瀆是春秋時期吳國的古鎮，當年，吳王夫差在靈岩山為西施造館娃宮，大興土木，河道都被沿河而下的木材堵塞，因此而得名。

在《隨園食單》裡袁枚就有關於斑魚菜肴的記載：「斑魚最嫩。剝皮去穢，分肝肉二種，以雞湯煨之，下酒三份、水二份、秋油一份。起鍋時加薑汁一大碗、蔥數莖以去腥氣。」但那時此菜並不出名，只是將其作為夏秋時節的一種時令菜來品嘗。諸葛先生知道，俞兒今天要講講這個故事了，翻看她那副牌，確實是一張木瀆鮰肺湯的畫。

斑魚生長在太湖木瀆一帶，以魚肝肥嫩、魚肉細膩著稱。「斑肝湯」採用斑魚之肝，輔以火腿、香菇、筍片等，用雞清湯燒製而成，風味獨特，湯清味鮮。那麼「斑肝湯」怎麼又變成「鮍肺湯」了呢？事情就得從木瀆的石家飯店說起。

古鎮上的這家飯店是一戶石姓人家開設，創始於清光緒年間。飯店用的是林則徐得意門生馮桂芬的舊宅，後來又曾做過大詩人沈歸愚的書廬，真是「白雲護山村，紅葉隱茅屋，門前跨板板，戶後羅修竹」，格局古樸雅致。石家飯店之所以聞名，多虧了兩位國民黨的元老：李根源和于右任。

李根源曾任雲南陸軍講武堂監督兼步兵科教官、總辦，與蔡鍔等人發動新軍起義反清，成立大漢軍政府，任軍政總長兼參議院院長，繼任雲南陸軍第二師師長兼國民軍總統。後參加「二次革命」，反袁世凱稱帝和「護法」鬥爭等運動。此公隱退蘇州後，常來石家飯店小酌。一九二九年，李根源邀請另一位國民黨大老于右任來蘇州靈岩泛舟賞桂，夜宿木瀆，當晚就在石家飯店用餐。

于右任一天疲憊，卻在明月當空之際喝到清新的魚湯，只覺口齒溢香，於是便在幾分醉意中詢問菜名，飯店堂倌不會說普通話，用當地吳語回答說：「斑肝湯」。李是雲南人，于是陝西人，都沒有聽清楚，把「斑」聽成了「鮍」，又把「肝」誤記成了「肺」。

于右任當天興致很好，討來筆墨乘興賦詩：「老桂花開天下香，看花走遍太湖旁。歸舟木瀆猶堪記，多謝石家鮍肺湯」。詩作傳開後，有人在報紙上寫文章諷刺于先生不辨「斑」、「鮍」，因而還引起一場筆墨官司。誰知報紙上爭來爭去，卻把鮍肺湯的名聲愈炒愈大，最終成為名揚大江南北的一道蘇菜珍饈。

因為鮍肺湯的緣故，現在的餐館把斑魚都叫做了「鮍魚」，也有人叫「小河豚」，因為這種魚長得扁圓，身黑肚白，很像河豚魚。還有人說，這種魚來去無蹤，桂花一開牠就來，桂花一謝就去了長江。而到了長江的大風大浪中鍛鍊成長後，等到明年清明時節再進太湖，就成了河豚。

聽起來有點像鯉魚躍龍門的故事了。但確實有不少人把牠當河豚吃，清代的大詞人朱彝尊最喜歡吃河豚，到了晚年因為身體衰弱不敢再吃河豚，就以斑魚代替，可見這種魚堪與河豚比美。

說到石家飯店，順便還要講一道現在很流行的菜肴：番茄鍋巴。

說是國民黨另一位大老陳果夫聽聞于右任講到木瀆鮍肺湯的好處，也慕名來到石家飯店。石老闆除了精心烹煮鮍肺湯外，總得給人家一點新鮮頭，於是，就上了一大盤炸得焦黃的鍋巴，又澆上一大碗在香油中煮得滾燙的蝦仁番茄。陳果夫吃得開心，當即就將此菜命名為「天下第一菜，平地一聲雷」。當然了，也有人說此菜是在乾隆下江南時就已發明，石家飯店盜其實，陳果夫盜其名而已。所以，這道菜儘管流行，總不如鮰肺湯那麼有名。

吃貨寶典

鮰肺湯最好在中秋時節吃，因為中秋時節斑魚的魚肝最肥美，大者如鵪鶉蛋。關於吃魚的時令講究，可以參考吳地歌謠中的《十二月魚諺》：正月塘鯉肉頭細，二月桃花鱖魚肥，三月甲魚補身體，四月鰣魚加蔥鈿，五月白魚吃肚皮，六月鳊魚鮮如雞，七月鰻鱺加油燜，八月斑魚要吃肝，九月鯽魚紅塞肉，十月草魚打牙祭，十一月鰱魚湯吃頭，十二月青魚只吃尾。

〇五十 拔絲拔的是那個相思

諸葛先生總在想一個問題：哪種菜肴最適合情侶吃？想來想去，還是覺得「拔絲金棗」最適合，筷子夾起，絲絲連連，情意綿綿，那吃的，簡直就是相思啊！

「拔絲金棗」是山東筵席中的一道名菜，說是金棗，其實用的並不是山東大棗，而是用山藥泥包入豆沙餡，形狀做成金棗的模樣，拉一筷，吃一口，看在眼裡，甜在心裡。

拔絲的技藝出自魯菜，而性嗜甜食的南方人很快學習過來，所以，今天南方的筵席上多有這種拔絲菜。

拔絲是一種將糖熬成能拉出絲的濃汁，再包裹於炸過的食材之上的成菜方法，又稱拉絲。這種菜肴據說是元朝人在製作「麻糖」，也就是今天的捏糖人時，一時所產生的靈感。而作為正式的菜名，拔絲之名出現在清代，最早有「拔絲山藥」的記載，可見魯菜中的「拔絲金棗」用山藥做，也是有傳承的。

拔絲菜的特點是色澤晶瑩金黃，口感外脆裡糯，香甜可口，最有意思的是，用筷子夾起時，會拉出一條條細長不斷的糖絲，別具樂趣。為了方便食客，拔絲菜旁邊往往會準備一碗白開水，夾起菜時迅速在開水裡一蘸，說也奇怪，糖絲立即不見，菜則迅速降溫，既避免燙嘴，且糖衣變脆，不再黏牙。如此變戲法一般，邊吃邊玩，果然過癮，所以諸葛先生會因此想到愛情。

拔絲菜吃著有情調，做起來也頗有趣，為了方便廣大男性朋友向女朋友獻殷勤，下面就教你們拔絲菜的廚藝做法。

拔絲菜用的原料多是去皮核的果蔬，常見的有地瓜、山藥、蘋果、香蕉等。拔絲的一般程序是：先將油燒至五到七成熱，將果蔬倒入炸至適口，撈起備用；然後開始熬糖，糖與主料的比例約為一比三。糖需用上好的白糖，紅糖很難熬出絲來。拔絲的關鍵在熬糖，熬得欠火候或者過火均不出絲。熬糖有乾熬、水熬、油熬、油水混合熬等幾種方法，乾熬就是光用糖熬，這種手法對於火候、技術的要求最高，一般人不易掌握；一般通行用水熬法，也就是用糖伴水熬製，糖與水的比例則為三比一。記住：剛才是一比三，現在是三比一，配方比例顛倒了，你就等著吃女朋友的白眼吧。

水、糖分別下鍋後，鍋要洗淨，這點要切記，倒不是怕拔絲裡拔出一隻蟑螂，而是鍋不乾淨，熬不好糖。以中、小火加熱，不停攪動，使其受熱均勻。但攪動也要慢慢來，要動作溫柔，就像對女朋友一樣，不可急，一急肯定壞事。過不了片刻，鍋中會先出大泡，這個時候攪動一下還猶如清湯光水，但很快就會轉向黏稠，攪動時手感會明顯出現阻力。再攪幾下，大泡漸少，小泡出現。這時候，就不能毛手毛腳繼續攪動了，要靜觀其變，待糖液再變稀，顏色漸漸轉深，小泡呈現泡沫狀，基本上就大功告成了，然後就將炒好的主料投入，翻炒裹勻，裝上盤子即成。

拔絲菜難度不大，成本不高，多試幾次必定成功，只要有這分相思，就一定有這分耐心。你看牌上畫的這道「拔絲蘋果」，多麼有誘惑力，連諸葛先生都想去嘗嘗愛情的味道了。

五十一 只用調羹，不動筷子的潘魚

俞兒今天要講的這道菜叫潘魚。紙牌上畫著一只青銅鼎，鼎裡盛的菜看不到，只在旁邊寫了「潘魚」兩個篆文。

潘魚是條什麼魚？諸葛先生翻遍魚類百科，搔破頭皮，也搞不清楚牠是條什麼魚。直到俞兒指著那只青銅鼎，再說出潘祖蔭的名字，諸葛先生才恍然大悟。

潘祖蔭是晚清大名鼎鼎的官僚，《清史稿》上把他和光緒的帝師翁同龢並稱為「潘翁」。前陣子，中央電視臺「國家寶藏」講述大盂鼎、大克鼎和毛公鼎的故事，這幾個著名的青銅鼎就是潘家後人捐贈給國家的。

潘祖蔭是江蘇吳縣（今蘇州）人。在蘇州，潘家世代望族，有「貴潘」之稱。潘家祖上是徽商出身，家資豪富，自從先祖潘奕雋成為第一個進士後，潘家科場連捷，一躍成為簪纓世家。潘祖蔭的祖父是乾隆癸丑科狀元潘世恩，官至一品太傅、武英殿大學士；叔祖潘世璜是乾隆乙卯科探花；其父潘曾綬也官至內閣侍讀，潘祖蔭自己也由翰林院編修官至工部尚書，並且是當時的言官領袖。

潘祖蔭好金石文物，也好吃，好辦私宴。潘魚這道菜原是北京西四牌樓廣和居的名菜，據說就是潘祖蔭所創，因他而得名。

廣和居創始於清道光年間，是一處三間的小四合院，有磨磚刻花小門樓，墨漆大門，紅油對聯。雖然屋宇低矮，卻是當時王公貴族、文人雅士雲集之所，天天食客盈席。當年經常出入這裡的有張之洞、翁同龢、何紹基，也有小鳳仙、賽金花，當然還有一個常客潘祖蔭。

據說，潘祖蔭創製潘魚是從研究文字學上悟出來，受了一個「鮮」字的啟發。魚羊為鮮，南方為魚，北方為羊，氣味相投，合南北之味便是鮮了。潘魚就是選用活的大青魚，用蒙古羔羊肉清湯蒸，骨肉盡棄之不用，再配以蝦米、香菇和雞樅。因為蝦米形同鈎鉤，所以又有一個吉利的名字叫「金鈎鉤魚」。

正宗的潘魚，青魚一定要活殺，因為《古文尚書》上說「鳥獸快殺為鮮」，活殺後還餘活氣，便下沸湯汆，然後與羊羔湯同烹。菜端上來，一整條魚除頭尾外，全身浸於乳白色的羊湯內。潘祖蔭創製潘魚，原本是在家私宴嘉賓的，但因為他本人是廣和居的常客，一來二往，就把這道私房菜給傳了過去。從前吃潘魚時只用調羹，不動筷子，也就是說只喝湯不吃魚肉。直至終席，魚始終在盆裡紋絲不動，如果你忍不住動筷子吃魚了，那就要貽笑大方了。

廣和居經營了一百多年，到三〇年代末倒閉。鼎盛的時候，據說同治皇帝都曾微服私訪過，想必也嘗過這道潘魚。廣和居倒閉後，有廚子進了同和居，於是就把這道菜也帶了過去。不過，今天的同和居潘魚，已經改用北方常見的鯉魚而不再用南方的活青魚，羊羔湯也改成了雞湯，當然也就沒有了潘祖蔭當年的原意。至於喝湯不吃魚的規矩，恐怕更加不為人知，也沒人肯這般浪費了。

吃貨寶典

如果改用鯉魚，要注意去掉血筋，不然腥味重。另外，「潘魚」兩個字在漢語詞彙中代指中路離析的比目魚，比喻夫婦一方喪亡，所以，在別的場合不能亂用。

五十二 別忘給主人留雙筷子的譚家菜

諸葛先生也算見過世面的人，但這會兒還是忍不住有些期待，長衫馬褂穿戴整齊，只等著俞兒帶他去吃京城最頂級的私房菜——譚家菜。

譚家菜是中國最著名的官府菜之一，由清末官僚譚宗浚所創。清同治十三年，廣東南海人譚宗浚殿試中一甲二名進士，也就是「榜眼」，入京師翰林院為官，居西四羊肉胡同。譚宗浚一生酷愛珍饈美味，亦好客酬友，常於家中作西園雅集，親自督點，炮龍蒸鳳，中國歷史上唯一由翰林創造的「私房菜」自此發祥。當時京城飲宴蔚然成風，京官每月一半以上的時間互為宴請。譚宗浚以重金禮聘京師名廚，得其烹飪技藝，將廣東菜與北京菜相結合而自成一派，使得京師官僚假譚府宴客成為時尚，中國餐飲界的私家會館也由此發端。

譚家菜真正名聞遐邇，卻是在譚家浚的兒子譚瑑青手上。譚瑑青作為一個生於京師的公子哥兒，對美食的講究青出於藍而勝於藍。清亡後，譚家逐漸敗落，但對於嗜吃之習，譚瑑青卻不願意稍有收斂，先變賣珠寶，後變賣房產，依然籌款舉宴。這般坐吃山空，實在維持不下去了，便悄悄地承辦家庭宴席，以變相營業補貼家用。但礙於面子，又不肯掛出「餐館」的招牌。

儘管不正式對外營業，但有許多素不相識的人慕名而來，以重金求其備宴，「譚家菜」就透過這樣的家庭小宴而流傳到社會上。到了三〇年代更是名聲大震，當時的政界、軍界、商界、文化界的名流要人，以用「譚家菜」宴客為榮寵，即使提前半月預訂也不嫌遲。京師外的人也想方設法以品嘗「譚家菜」為快。社會上還流傳有「戲界無腔不學譚（譚鑫培）、食界無口不誇譚（譚家菜）」。

當時訂譚家菜宴席，必須轉托同譚瑑青相熟之人。譚每次只答應承辦三桌，而每桌的價格為一百大洋。你想，當時的兩塊大洋可以支撐一戶人家一個月開銷，青年毛澤東在北大圖書館當管理員，每月的薪水也才八塊大洋，而他譚家菜一桌就要一百塊大洋，這樣的價格當然是一般中產家庭不敢問津的。但譚家菜貴則貴，燕窩魚翅，山珍海味，俱是拿手好菜；所有器皿，古色古香，都是頂上古瓷；一間客廳，三間餐室，傢俱皆花梨紫檀；古玩滿架，盆景玲瓏，四壁是名人字畫，室雅花香，設備齊全，絕非一般餐館可比擬。因此，凡吃過譚家菜者，皆稱「不為妄費」。

譚瑑青被稱為「譚饌精」，可其實他自己並不上灶掌勺，上灶都乃譚家女主人及幾位家廚。譚瑑青從老家廣東帶回的兩房姨太太都是烹飪高手，尤其是三姨太趙荔鳳，不單自己上灶，且每日的採辦都由她負責，專門有一輛包車，每日天濛濛亮便坐車出門去搜求各方時鮮。

這天，諸葛先生跟著俞兒在譚府官廳裡坐定，傳說中的三姨太趙荔鳳當然是沒有見到，但席上十一位客人卻擺了十二副餐具。諸葛先生很有些不解。俞兒解釋道：這個譚瑑青就像是《紅樓夢》裡劉姥姥說的「瘦死的駱駝比馬大」，公子哥兒架子不倒。吃譚家菜有一個規矩，不管就餐者與譚家是否相識，都要給主人譚瑑青一份請柬，席上多設一個座位，多留一副碗筷。屆時，譚瑑青也總會過來寒暄一番，並應邀入席，總是要來嘗上幾口。以此形式表示「我這裡並不是飯館」，其目的，當然不過是維護自己的面子罷了。

諸葛先生聽罷，感慨唏噓，也深表理解，什麼叫名士做派，什麼叫貴族習氣，這些東西哪裡是今天的吃貨朋友學得了、學得會。

當然了，能夠上譚家筵席的也真是「談笑有鴻儒，往來無白丁」，席上不乏文人雅士。據鄧雲鄉先生回憶：「如果座中熟人多，大家杯盤狼藉之餘，酒酣耳熱之際，各出所攜，或一部宋元珍本，或一卷唐、祝妙墨，互相觀賞，互相鑒定，這就不只是口腹之欲，而是充滿交融學問和藝術的文化氣氛了。」

譚家菜的特點一是融合京廣北南之長，南北均宜；二是講究原汁原味，吃雞就要品雞味，吃魚就要嘗魚鮮，絕不用其他異味、怪味來干擾菜肴的本味。在燜菜時，絕對不能續湯或兌汁，否則，便談不上原汁了；三是火候足、講究慢火細做，不像一般菜館裡的菜，出於經營的需要，多是急火速成。而在譚家菜中，採用較多的烹飪方法是燒、燴、燜、蒸、扒、煎、烤，以及羹湯等，很少有爆炒類的菜肴，亦不講究抖勺、翻勺等技術。也正因為這個原因，想吃譚家菜還得事先預定，給廚師留出充足的備料、製作時間；四是下料狠、選料精，吃熊掌必用熊的左前掌，吃魚翅必選「呂宋黃」，吃鮑魚則必須是紫鮑。

譚家菜「長於乾貨發制」，「精於高湯老火烹飪海八珍」。譚家菜儘管自成菜系，有菜品近三百種，但以燕窩和魚翅的燕翅席最為有名，譚家菜中的「清湯燕菜」

和「黃燜魚翅」號稱上上乘。

譚家菜的魚翅全憑溫水泡透、發透，絕不用添加劑急發，以免破壞營養成分。凡傳統中國菜，都需用廚師精心「吊制」的高湯來烹煮，尤其是魚翅類山珍海味。譚家菜吊湯是用整隻的農家飼養柴母雞、整隻的京鴨、干貝、火腿按比例下鍋，用火工二日，將雞、鴨完全熬化，溶於湯中，過細籮，出醇湯，再將魚翅放入湯中，用文火煨上一日，整個魚翅烹煮過程需三日火工。這樣燜出來的魚翅，汁濃、味厚，吃著柔軟濡滑，極為鮮美。

在譚家菜中，魚翅的烹煮方法即有十幾種之多，如「三絲魚翅」、「蟹黃魚翅」、「沙鍋魚翅」、「清燉魚翅」、「濃湯魚翅」、「海燴魚翅」等等，以「黃燜魚翅」最為上乘。這道菜選用珍貴的黃肉翅（即呂宋黃）來做，講究吃整翅，一隻魚翅要在火上燜幾個小時。著名畫家張大千最喜歡吃這道「黃燜魚翅」，曾多次托人到譚府買得剛出鍋的「黃燜魚翅」空運回去享用。

另一道名饌「清湯燕窩」則更有其獨到之處。用溫水將燕窩浸泡三小時，再用清水反覆沖漂，細緻入微地擇盡燕毛和雜質。燕窩泡發好後，放在大湯碗內，注入半斤雞湯，上籠蒸二十至三十分鐘，取出分裝在小湯碗內。然後再把以雞、鴨、肘子、干貝、火腿等料熬成的清湯燒開，加入料酒、白糖、鹽，兌好味，盛入小碗內，撒上幾根切得精細的火腿絲。菜湯清如水，略呈米黃色，味道鮮美，燕窩軟滑而不碎，營養價值極高。

要吃譚家菜，必須得進譚府門，不管你頭面多大，譚家絕不出外燴。當年汪精衛進京宴請名流，據說曾找譚瑑青破例出一次外燴，被譚一口回絕。後來，汪精衛說盡了好話，譚瑑青才勉強答應替汪做兩道菜，一道「紅燒鯊翅」，一道「蠔油紫鮑」，都是在譚家事先做好，再由家廚送過去。

譚家菜的主廚、傳說中的趙三姨太，後來患了乳腺癌，手術後於一九四六年去世，米市胡同十九號的譚府也就相應冷清。解放後，譚家幾位主廚搬出譚府，公私合營後被併入北京飯店，於是譚家菜又作為老北京的傳承流傳下來。

燕窩是金絲燕築的巢。金絲燕是雨燕的一種，雨燕區別於一般燕子的是飛行速度快，牠的翅膀長，能在飛行中捕食、喝水甚至交配。雨燕一般不能落在地面上，著落在平地後就不能再飛起來，通常只能靠尖爪攀附在陡峭的懸崖上停留，所以，金絲燕一般都把窩築在懸崖峭壁上。掏燕窩是一件十分危險的工作，燕窩也就愈發珍貴。金絲燕築窩不用泥土，主要靠牠的唾液。

市面上的燕窩分「官燕」、「毛燕」和「血燕」三種，價格也相差懸殊。「官燕」的顏色雪白透明，是金絲燕第一次築的窩，個大壁厚，三、四個就有一兩重，幾乎全是由唾液織成，是燕窩中的上品，古時就列為貢品，所以稱「官燕」；「毛燕」的顏色呈黑色，是金絲燕第二次築的窩，此時唾液已經消耗很多，只能用身上的絨毛和唾液築窩，品質也就次之；「血燕」顧名思義是紅色的，是金絲燕第三次築的窩，此時據說金絲燕的唾液已經耗盡，只好以剛吃進去的小魚、苔蘚、海藻築窩，其中還夾雜著血絲和絨毛。

一般以為「血燕」價值最差，但現在也有人認為「血燕」是金絲燕在臨產期將近而迫不得已築的第三個窩，此時分泌的唾液隱含血絲，有點嘔心瀝血的味道，所以營養成分也最高。燕窩主要產於東南亞和廣東、海南等地，尤以泰國產的「暹羅官燕」最佳。

附錄——中國八大菜系

菜系，又稱「幫菜」，是指在選料、切配、烹飪等技藝方面，經長期演變而自成體系，具有鮮明的地方風味特色，並為社會所公認的中國飲食的菜肴流派。

早在春秋戰國時期的中國，飲食文化中南北菜肴風味就表現出差異。到唐宋時，南食、北食各自形成體系。到了南宋時期，南甜北鹹的格局形成。發展到清代初期，魯菜、川菜、粵菜、蘇菜，成為當時最有影響的地方菜，稱作「四大菜系」。到了清末，浙菜、閩菜、湘菜、徽菜四大新地方菜系分化形成，共同構成中國傳統飲食的「八大菜系」。

【魯菜】

起源於山東的齊魯風味，是八大菜系中唯一的自發型菜系，也是歷史最悠久、技法最豐富、難度最高、最見功力的菜系。

早在春秋戰國時期，齊魯肴饌便嶄露頭角，起源於山東淄博博山區，以牛、羊、豬為主料，還善於製作家禽、野味和海鮮。宋代以後魯菜就成為「北食」的代表。明、清兩代，成為宮廷御膳主體，對京、津和東北各地的影響較大。

一般認為魯菜內部分為兩大派系，分別以濟南和膠東兩地的地方菜演化而成，有時也將曲阜的孔府菜自立為三大派系。

魯菜的特點是清香、鮮嫩、味醇，十分講究清湯和奶湯的調製，清湯色清而鮮，奶湯色白而醇。煙臺福山為膠東菜發源地，以烹煮各種海鮮而馳名，口味清淡。濟南歷城為濟南菜發源地，擅長爆炒，口味偏重。魯菜善用蔥調味，正宗魯菜的烹煮，蔥是不可缺少的備料，這也是魯菜有別於其他菜系的特點。

【川菜】

起源於四川、重慶，以麻、辣、鮮、香為特色。川菜的出現可追溯至秦漢，在宋代已經形成流派。原來的「辛香」味只是用薑、花椒、食茱等原料調製的，在明末清初辣椒傳入中國後，川菜進行了大革新，逐漸發展成了現在的川菜。原料多選山珍、江鮮、野蔬和畜禽。善用小炒、乾煸、乾燒和泡、燴等烹調法。以「味」聞名，素來享有「一菜一格，百菜百味」的聲譽，有「七味」、「八滋」之說，味型較多，富於變化，尤以魚香、紅油、怪味、麻辣較為突出。

川菜是中國最有特色的菜系，也是民間最大菜系，今天的川菜館已經遍佈全國。平時食欲不好的人適合吃一些川菜，有助於促進唾液分泌，增進食欲。但川菜麻辣口味較重，普通人吃多了可能會腸胃不適。

【粵菜】

粵菜即廣東菜，發源於嶺南，狹義指廣州府菜，廣義由廣州菜、客家菜和潮州菜發展而成，是起步較晚的菜系，但它影響深遠，世界各國的中菜館，多數以粵菜為主，在世界各地粵菜與法國大餐齊名，因此有人認為粵菜是海外中國的代表菜系。

在晉代以前，廣東人飲食上就突出了一個「雜」字。粵菜集南海、番禺、東莞、順德、香山、四邑、寶安等地方風味的特色，兼京、蘇、淮、杭等外省菜以及西菜之所長，融為一體，自成一家。粵菜取百家之長，用料廣博，天上飛禽地上走獸，鳥獸蛇蟲無不入肴，選料珍奇，配料精巧，並且講究吃「鮮」，崇尚「生猛」，依食客喜好而烹煮。而且，粵菜的時令性較強，夏秋尚清淡，冬春求濃郁，對於食材的滋補作用也非常講究，每頓餐前的「例湯」由高湯瓦罐煲制，口味獨特與眾不同。

【蘇菜】

江蘇菜系統稱為「蘇菜」，由南京、徐海、淮揚和蘇南四種風味組成，是宮廷第二大菜系，今天國宴仍以淮揚菜系為主。

江蘇菜系口味偏甜，因為江浙地區氣候潮濕，又靠近沿海，往往會在菜中增加糖分以去除濕氣。江蘇菜很少放辣椒，因為吃辣椒雖然能夠去除濕氣，但是容易上火。因此，江浙菜系是以偏甜為主。蘇菜風格源於宋代開封，宋室南遷帶入並逐漸佔據主要地位。

蘇菜中又以揚州的淮揚菜最具代表性，唐宋時期揚州就是當時的「淮左名都」，明初又在這裡設淮揚府，揚州在歷史上絕對屬於「一流城市」，繁華都會。淮揚菜的特點是選料以鮮活、鮮嫩為佳，根據不同時令選取原料，也十分注重刀工、火工，講究造型，菜端上來，「未飽口福，先飽眼福」。調味上，則強調本味，以不影響主料本味為原則。

【浙菜】

浙江地處東海之濱，素稱魚米之鄉，特產豐富，盛產山珍海味和各種魚類。浙菜是以杭州、寧波、紹興和溫州四種風味為代表的地方菜系。浙菜注重原料的合理搭配，以求味道的互補。

杭幫菜更重視原料的鮮、活、嫩，以魚、蝦、禽、畜、時令蔬菜為主，講究刀工，口味偏清淡，突出本味。其製作精細，變化多樣，並喜歡以風景名勝來命名菜肴，美味佳餚融入山水情懷。

浙江點心中的團、糕、羹、麵品種多，口味佳。例如嘉興肉粽、寧波湯圓、紹興臭豆腐、舟山蝦爆鱔麵、湖州餛飩等等。各種醃製食品也獨擅其長。

【閩菜】

以福州菜為代表，主要流行於閩東地區。閩東菜講究火候，注重調湯，喜用佐料，口味多變，顯示了幾個鮮明特徵：一為刀工巧妙，寓趣於味，素有切絲如髮，片薄如紙的美譽；二是湯菜眾多，變化無窮，素有「一湯十變」之說，最有名的如佛跳牆；三為調味奇特，別是一方，閩東菜的調味，偏於甜、酸、淡，喜加糖醋，酸酸甜甜的。

【湘菜】

湘菜是歷史悠久的一個地方風味菜。湘菜特別講究調味，尤重酸辣、鹹香、清香、濃鮮。夏天炎熱，其味重清淡、香鮮。冬天濕冷，味重熱辣、濃鮮。

湘菜調味，特色是「酸辣」，以辣為主，酸寓其中。湖南大部分地區地勢較低，氣候溫暖潮濕，古稱「卑濕之地」。而辣椒有提熱、開胃、祛濕、祛風之效，故深為湖南人民所喜愛。剁椒經過乳酸發酵，具有開胃、養胃的作用。湘菜中的臘味也堪稱一絕。

【徽菜】

起源於安徽省徽州地區，因為徽州人喜愛飲茶，所以徽菜一般油大，所謂重油、重色、重火工，芡重，色深，味濃。同時由於徽州多山多水，徽菜以烹飪山珍水產見長，其主要特點是喜用火腿佐味，以冰糖提鮮，善於保持原料的本味、真味，口感以鹹、鮮、香為主，放糖不覺其甜。

徽菜菜肴常用木炭風爐單燉單煮，原鍋上桌，濃香四溢，體現了徽味古樸典雅的風貌。

Fantastic 024

吃貨簡史

原著書名 / 吃货简史
作者 / 陳華勝
原出版社 / 江蘇鳳凰文藝出版社

企劃選書 / 劉枚瑛
責任編輯 / 劉枚瑛
版權 / 黃淑敏、邱珮芸、吳亭儀、劉鎔慈
行銷業務 / 黃崇華、賴晏汝、周佑潔、張媖茜

總編輯 / 何宜珍
總經理 / 彭之琬
事業群總經理 / 黃淑貞
發行人 / 何飛鵬
法律顧問 / 元禾法律事務所 王子文律師
出版 / 商周出版
台北市104中山區民生東路二段141號9樓
電話：(02) 2500-7008　傳真：(02) 2500-7759
E-mail：bwp.service@cite.com.tw
Blog：http://bwp25007008.pixnet.net./blog
發行 / 英屬蓋曼群島商家庭傳媒股份有限公司城邦分公司
台北市104中山區民生東路二段141號2樓
書虫客服專線：(02)2500-7718、(02) 2500-7719
服務時間：週一至週五上午09:30-12:00；下午13:30-17:00
24小時傳真專線：(02) 2500-1990；(02) 2500-1991
劃撥帳號：19863813　戶名：書虫股份有限公司
讀者服務信箱：service@readingclub.com.tw
城邦讀書花園：www.cite.com.tw
香港發行所 / 城邦（香港）出版集團有限公司
香港灣仔駱克道193號超商業中心1樓
電話：(852) 25086231傳真：(852) 25789337
E-mailL：hkcite@biznetvigator.com
馬新發行所 / 城邦(馬新)出版集團【Cité (M) Sdn. Bhd】
41, Jalan Radin Anum, Bandar Baru Sri Petaling,
57000 Kuala Lumpur, Malaysia.
電話：(603)90578822　傳真：(603)90576622
E-mail：cite@cite.com.my
美術設計 / COPY
插畫 / 袁燕華
印刷 / 卡樂彩色製版印刷有限公司
經銷商 / 聯合發行股份有限公司　電話：(02)2917-8022　傳真：(02)2911-0053

2021年（民110）2月3日初版
2021年（民110）5月18日初版2刷
定價350元　Printed in Taiwan
ISBN 978-986-477-970-3　

國家圖書館出版品預行編目（CIP）資料

吃貨簡史/陳華勝著. -- 初版. -- 臺北市 : 商周出版 :
英屬蓋曼群島商家庭傳媒股份有限公司城邦分公司發行, 民110.02
288面 ; 14.8×21公分. -- (Fantastic ; 24)　ISBN 978-986-477-970-3(平裝)
1. 飲食風俗　2. 中國　538.782　109020225